Direction d'ouvrage : Philippe Béziat, Philippe Harchy
Maquette : laBoitapix.com
Dessins : Nicolas Vasiliev
Mise en couleur : Philippe Guinot

Achevé d'imprimer : septembre 2009
Imprimé et relié par : Puntoweb srl - Italie

Les Contes de
Perrault

La Belle au bois dormant

IL ÉTAIT UNE FOIS un roi et une reine, qui étaient si fâchés de n'avoir point d'enfants, si fâchés qu'on ne saurait dire. Ils allèrent à toutes les eaux du monde ; vœux, pèlerinages, menues dévotions, tout fut mis en œuvre, et rien n'y faisait. Enfin pourtant la reine devint grosse, et accoucha d'une fille : on fit un beau baptême ; on donna pour marraines à la petite princesse toutes les fées qu'on pût trouver dans le pays (il s'en trouva sept), afin que chacune d'elles lui faisant un don, comme c'était la coutume des fées en ce temps-là, la princesse eût par ce moyen toutes les perfections imaginables.

Après les cérémonies du baptême toute la compagnie revint au palais du roi, où il y avait un grand festin pour les fées. On mit devant chacune d'elles un couvert magnifique, avec un étui d'or massif, où il y avait une cuiller, une fourchette, et un couteau de fin or, garni de diamants et de rubis. Mais comme chacun prenait sa place à table, on vit entrer une vieille fée qu'on n'avait point priée parce qu'il y avait plus de cinquante ans qu'elle n'était sortie d'une tour et qu'on la croyait morte, ou enchantée. Le roi lui fit donner un couvert, mais il n'y eut pas moyen de lui donner un étui d'or massif, comme aux autres, parce que l'on n'en avait fait faire que sept pour les sept fées. La vieille crut qu'on la méprisait, et grommela quelques menaces entre ses dents. Une des jeunes fées qui se trouva auprès d'elle l'entendit, et jugeant qu'elle pourrait donner quelque fâcheux don à la petite princesse, alla dès qu'on fut sorti de table se cacher derrière la tapisserie, afin de parler la dernière, et de pouvoir réparer autant qu'il lui serait possible le mal que la vieille aurait fait.

Cependant les fées commencèrent à faire leurs dons à la princesse. La plus jeune lui donna pour don qu'elle serait la plus belle personne du monde, celle d'après qu'elle aurait de l'esprit comme un ange, la

troisième qu'elle aurait une grâce admirable à tout ce qu'elle ferait, la quatrième qu'elle danserait parfaitement bien, la cinquième qu'elle chanterait comme un rossignol, et la sixième qu'elle jouerait de toutes sortes d'instruments dans la dernière perfection. Le rang de la vieille fée étant venu, elle dit, en branlant la tête encore plus de dépit que de vieillesse, que la princesse se percerait la main d'un fuseau, et qu'elle en mourrait.

Ce terrible don fit frémir toute la compagnie, et il n'y eut personne qui ne pleurât. Dans ce moment la jeune fée sortit de derrière la tapisserie, et dit tout haut ces paroles : « Rassurez-vous, roi et reine, votre fille n'en mourra pas ; il est vrai que je n'ai pas assez de puissance pour défaire entièrement ce que mon ancienne a fait. La princesse se percera la main d'un fuseau ; mais au lieu d'en mourir, elle tombera seulement dans un profond sommeil qui durera cent ans, au bout desquels le fils d'un roi viendra la réveiller. »

Le roi, pour tâcher d'éviter le malheur annoncé par la vieille, fit publier aussitôt un édit, par lequel il défendait à toutes personnes de filer au fuseau, ni d'avoir des fuseaux chez soi sur peine de la vie. Au bout de quinze ou seize ans, le roi et la reine étant allés à une de leurs maisons de plaisance, il arriva que la jeune princesse courant un jour dans le château, et montant de chambre en chambre, alla jusqu'au haut d'un donjon dans un petit galetas[1], où une bonne vieille était seule à filer sa quenouille. Cette bonne femme n'avait point ouï parler des défenses que le roi avait faites de filer au fuseau.

« Que faites-vous là, ma bonne femme ? dit la princesse.

— Je file, ma belle enfant, lui répondit la vieille qui ne la connaissait pas.

— Ah ! que cela est joli, reprit la princesse, comment faites-vous ? Donnez-moi que je voie si j'en ferais bien autant. »

Elle n'eut pas plus tôt pris le fuseau, que comme elle était fort vive, un peu étourdie, et que d'ailleurs l'arrêt des fées l'ordonnait ainsi, elle s'en perça la main, et tomba évanouie.

La bonne vieille, bien embarrassée, crie au secours : on vient de tous côtés, on jette de l'eau au visage de la princesse, on la délace, on lui frappe dans les mains, on lui frotte les tempes avec de l'eau de la reine de Hongrie ; mais rien ne la faisait revenir. Alors le roi, qui était monté au bruit, se souvint de la prédiction des fées, et jugeant bien qu'il fallait que cela arrivât, puisque les fées l'avaient dit, fit mettre la princesse dans le plus bel appartement du palais, sur un lit en broderie d'or et d'argent. On eût dit d'un ange, tant elle était belle ; car son évanouissement n'avait pas ôté les couleurs vives de son teint : ses joues étaient incarnates, et ses lèvres comme du corail ; elle avait

[1] *galetas : pièce sous les combles.*

seulement les yeux fermés, mais on l'entendait respirer doucement, ce qui faisait voir qu'elle n'était pas morte. Le roi ordonna qu'on la laissât dormir en repos, jusqu'à ce que son heure de se réveiller fût venue.

La bonne fée qui lui avait sauvé la vie, en la condamnant à dormir cent ans, était dans le royaume de Mataquin, à douze mille lieues de là, lorsque l'accident arriva à la princesse ; mais elle en fut avertie en un instant par un petit nain, qui avait des bottes de sept lieues (c'était des bottes avec lesquelles on faisait sept lieues d'une seule enjambée). La fée partit aussitôt, et on la vit au bout d'une heure arriver dans un chariot tout de feu, traîné par des dragons. Le roi lui alla présenter la main à la descente du chariot. Elle approuva tout ce qu'il avait fait ; mais comme elle était grandement prévoyante, elle pensa que quand la princesse viendrait à se réveiller, elle serait bien embarrassée toute seule dans ce vieux château : voici ce qu'elle fit.

Elle toucha de sa baguette tout ce qui était dans ce château (hors le roi et la reine), gouvernantes, filles d'honneur, femmes de chambre, gentilshommes, officiers, maîtres d'hôtel, cuisiniers, marmitons, galopins, gardes, suisses, pages, valets de pied ; elle toucha aussi tous les chevaux qui étaient dans les écuries, avec les palefreniers, les gros mâtins[1] de basse-cour, et la petite Pouffe, petite chienne de la princesse, qui était auprès d'elle sur son lit. Dès qu'elle les eut touchés, ils s'endormirent tous, pour ne se réveiller qu'en même temps que leur maîtresse, afin d'être tout prêts à la servir quand elle en aurait besoin ; les broches mêmes qui étaient au feu toutes pleines de perdrix et de faisans s'endormirent, et le feu aussi. Tout cela se fit en un moment ; les fées n'étaient pas longues à leur besogne. Alors le roi et la reine, après avoir baisé leur chère enfant sans qu'elle s'éveillât, sortirent du château, et firent publier des défenses à qui que ce soit d'en approcher. Ces défenses n'étaient pas nécessaires, car il crût dans un quart d'heure tout autour du parc une si grande quantité de grands arbres et de petits, de ronces et d'épines entrelacées les unes dans les autres, que bête ni homme n'y aurait pu passer : en sorte qu'on ne voyait plus que le haut des tours du château, encore n'était-ce que de bien loin. On ne douta point que la fée n'eût encore fait là un tour de son métier, afin que la princesse, pendant qu'elle dormirait, n'eût rien à craindre des curieux.

Au bout de cent ans, le fils du roi qui régnait alors, et qui était d'une autre famille que la princesse endormie, étant allé à la chasse de ce côté-là, demanda ce que c'était que ces tours qu'il voyait au-dessus d'un grand bois fort épais ; chacun lui répondit selon qu'il en avait ouï parler. Les uns disaient que c'était un vieux château où il revenait des

[1] *mâtins : grands chiens.*

esprits ; les autres que tous les sorciers de la contrée y faisaient leur sabbat. La plus commune opinion était qu'un ogre y demeurait, et que là il emportait tous les enfants qu'il pouvait attraper, pour les pouvoir manger à son aise, et sans qu'on le pût suivre, ayant seul le pouvoir de se faire un passage au travers du bois. Le prince ne savait qu'en croire, lorsqu'un vieux paysan prit la parole, et lui dit :

« Mon prince, il y a plus de cinquante ans que j'ai ouï dire à mon père qu'il y avait dans ce château une princesse, la plus belle du monde ; qu'elle y devait dormir cent ans, et qu'elle serait réveillée par le fils d'un roi, à qui elle était réservée. »

Le jeune prince, à ce discours, se sentit tout de feu ; il crut sans balancer qu'il mettrait fin à une si belle aventure ; et poussé par l'amour et par la gloire, il résolut de voir sur-le-champ ce qui en était. À peine s'avança-t-il vers le bois, que tous ces grands arbres, ces ronces et ces épines s'écartèrent d'eux-mêmes pour le laisser passer : il marche vers le château qu'il voyait au bout d'une grande avenue où il entra, et ce qui le surprit un peu, il vit que personne

de ses gens ne l'avait pu suivre, parce que les arbres s'étaient rapprochés dès qu'il avait été passé. Il ne laissa pas de continuer son chemin : un prince jeune et amoureux est toujours vaillant. Il entra dans une grande avant-cour où tout ce qu'il vit d'abord était capable de le glacer de crainte : c'était un silence affreux, l'image de la mort s'y présentait partout, et ce n'était que des corps étendus d'hommes et d'animaux, qui paraissaient morts. Il reconnut pourtant bien au nez bourgeonné et à la face vermeille des suisses, qu'ils n'étaient qu'endormis, et leurs tasses où il y avait encore quelques gouttes de vin montraient assez qu'ils s'étaient endormis en buvant. Il passe une grande cour pavée de marbre, il monte l'escalier, il entre dans la salle des gardes qui étaient rangés en haie, la carabine sur l'épaule, et ronflant de leur mieux. Il traverse plusieurs chambres pleines de gentilshommes et de dames, dormant tous, les uns debout, les autres assis ; il entre dans une chambre toute dorée, et il vit sur un lit, dont les rideaux étaient ouverts de tous côtés, le plus beau spectacle qu'il eût jamais vu : une princesse qui paraissait avoir quinze ou seize ans, et dont l'éclat resplendissant avait quelque chose de lumineux et de divin. Il s'approcha en tremblant et en admirant, et se mit à genoux auprès d'elle.

Alors comme la fin de l'enchantement était venue, la princesse s'éveilla ; et le regardant avec des yeux plus tendres qu'une première vue ne semblait le permettre : « Est-ce vous, mon prince ? lui dit-elle, vous vous êtes bien fait attendre. » Le prince charmé de ces paroles, et plus encore de la manière dont elles étaient dites, ne savait comment lui témoigner sa joie et sa reconnaissance ; il l'assura qu'il l'aimait plus que lui-même. Ses discours furent mal rangés, ils en plurent davantage ; peu d'éloquence, beaucoup d'amour. Il était plus embarrassé qu'elle, et l'on ne doit pas s'en étonner ; elle avait eu le temps de songer à ce qu'elle aurait à lui dire, car il y a apparence (l'histoire n'en dit pourtant rien) que la bonne fée, pendant un si long sommeil, lui avait procuré le plaisir des songes agréables. Enfin il y avait quatre heures qu'ils se parlaient, et ils ne s'étaient pas encore dit la moitié des choses qu'ils avaient à se dire.

Cependant tout le palais s'était réveillé avec la princesse ; chacun songeait à faire sa charge, et comme ils n'étaient pas tous amoureux, ils mouraient de faim ; la dame d'honneur, pressée comme les autres, s'impatienta, et dit tout haut à la princesse que la viande était servie. Le prince aida la princesse à se lever ; elle était tout habillée et fort magnifiquement ; mais il se garda bien de lui dire qu'elle était habillée comme ma mère-grand, et qu'elle avait un collet monté ; elle n'en était pas moins belle. Ils passèrent dans un salon de miroirs, et y soupèrent, servis par les officiers de la princesse ; les violons et les hautbois jouèrent de vieilles pièces, mais excellentes, quoiqu'il

y eût près de cent ans qu'on ne les jouât plus ; et après souper, sans perdre de temps, le grand aumônier les maria dans la chapelle du château, et la dame d'honneur leur tira le rideau : ils dormirent peu, la princesse n'en avait pas grand besoin, et le prince la quitta dès le matin pour retourner à la ville, où son père devait être en peine de lui. Le prince lui dit qu'en chassant il s'était perdu dans la forêt, et qu'il avait couché dans la hutte d'un charbonnier, qui lui avait fait manger du pain noir et du fromage. Le roi son père, qui était bon homme, le crut, mais sa mère n'en fut pas bien persuadée, et voyant qu'il allait presque tous les jours à la chasse, et qu'il avait toujours une raison en main pour s'excuser, quand il avait couché deux ou trois nuits dehors, elle ne douta plus qu'il n'eût quelque amourette : car il vécut avec la princesse plus de deux ans entiers, et en eut deux enfants, dont le premier, qui fut une fille, fut nommé l'Aurore, et le second un fils, qu'on nomma le Jour, parce qu'il paraissait encore plus beau que sa sœur. La reine dit plusieurs fois à son fils, pour le faire expliquer, qu'il fallait se contenter dans la vie, mais il n'osa jamais se fier à elle de son secret ; il la craignait quoiqu'il l'aimât, car elle

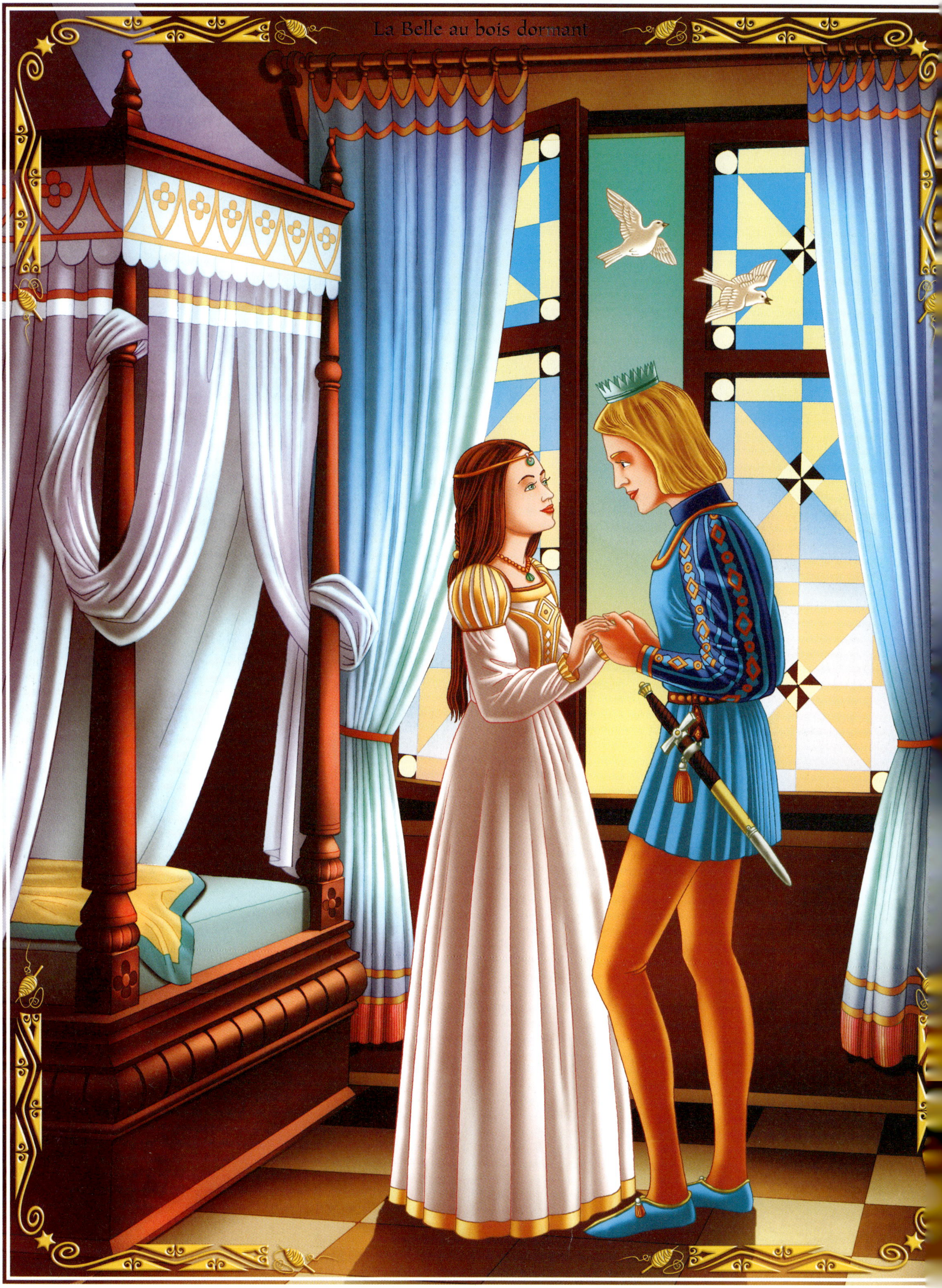

était de race ogresse, et le roi ne l'avait épousée qu'à cause de ses grands biens ; on disait même tout bas à la cour qu'elle avait les inclinations des ogres, et qu'en voyant passer de petits enfants, elle avait toutes les peines du monde à se retenir de se jeter sur eux ; ainsi le prince ne voulut jamais rien dire. Mais quand le roi fut mort, ce qui arriva au bout de deux ans, et qu'il se vit le maître, il déclara publiquement son mariage, et alla en grande cérémonie quérir la reine sa femme dans son château. On lui fit une entrée magnifique dans la ville capitale, où elle entra au milieu de ses deux enfants. Quelque temps après, le roi alla faire la guerre à l'empereur Cantalabutte son voisin. Il laissa la régence du royaume à la reine sa mère, et lui recommanda fort sa femme et ses enfants : il devait être à la guerre tout l'été, et dès qu'il fut parti, la reine mère envoya sa bru et ses enfants à une maison de campagne dans les bois, pour pouvoir plus aisément assouvir son horrible envie. Elle y alla quelques jours après, et dit un soir à son maître d'hôtel :

« Je veux manger demain à mon dîner la petite Aurore.

— Ah ! Madame, dit le maître d'hôtel.

— Je le veux, dit la reine (et elle le dit d'un ton d'ogresse qui a envie de manger de la chair fraîche), et je la veux manger à la sauce Robert. »

Ce pauvre homme voyant bien qu'il ne fallait pas se jouer à une ogresse, prit son grand couteau, et monta à la chambre de la petite Aurore : elle avait pour lors quatre ans, et vint en sautant et en riant se jeter à son col, et lui demander du bonbon. Il se mit à pleurer, le couteau lui tomba des mains, et il alla dans la basse-cour couper la gorge à un petit agneau, et lui fit une si bonne sauce que sa maîtresse l'assura qu'elle n'avait jamais rien mangé de si bon. Il avait emporté en même temps la petite Aurore, et l'avait donnée à sa femme pour la cacher dans le logement qu'elle avait au fond de la basse-cour. Huit jours après, la méchante reine dit à son maître d'hôtel :

« Je veux manger à mon souper le petit Jour.»

Il ne répliqua pas, résolu de la tromper comme l'autre fois ; il alla chercher le petit Jour, et le trouva avec un petit fleuret à la main, dont il faisait des armes avec un gros singe ; il n'avait pourtant que trois ans. Il le porta à sa femme qui le cacha avec la petite Aurore, et donna à la place du petit Jour un petit chevreau fort tendre, que l'ogresse trouva admirablement bon.

Cela était fort bien allé jusque-là ; mais un soir cette méchante reine dit au maître d'hôtel : « Je veux manger la reine à la même sauce que ses enfants. » Ce fut alors que le pauvre maître d'hôtel désespéra de la pouvoir encore tromper. La jeune reine avait vingt ans passés, sans compter les cent ans qu'elle avait dormi : sa peau était un peu dure, quoique belle et blanche ; et le moyen de trouver dans la ménagerie une bête aussi dure que cela ? Il prit la résolution, pour sauver sa vie, de couper la gorge à la reine, et monta dans sa chambre, dans l'intention de n'en pas faire à deux fois ; il s'excitait à la fureur, et entra le poignard à la main dans la chambre de la jeune reine. Il ne voulut pourtant point la surprendre, et il lui dit avec beaucoup de respect l'ordre qu'il avait reçu de la reine mère.

« Faites votre devoir, lui dit-elle, en lui tendant le col ; exécutez l'ordre qu'on vous a donné ; j'irai revoir mes enfants, mes pauvres enfants que j'ai tant aimés. » Car elle les croyait morts depuis qu'on les avait enlevés sans lui rien dire.

« Non, non, madame, lui répondit le pauvre maître d'hôtel tout attendri, vous ne mourrez point, et vous ne laisserez pas d'aller revoir vos chers enfants, mais ce sera chez moi où je les ai cachés, et je tromperai encore la reine, en lui faisant manger une jeune biche en votre place. »

Il la mena aussitôt à sa chambre, où la laissant embrasser ses enfants et pleurer avec eux, il alla accommoder une biche, que la reine mangea à son souper, avec le même appétit que si c'eût été la jeune reine. Elle était bien contente de sa cruauté, et elle se préparait à dire au roi, à son retour, que les loups enragés avaient mangé la reine sa femme et ses deux enfants.

Un soir qu'elle rôdait à son ordinaire dans les cours et basses-cours du château pour y halener[1] quelque viande fraîche, elle entendit dans une salle basse le petit Jour qui pleurait, parce que la reine sa mère le voulait faire fouetter, à cause qu'il avait été méchant, et elle entendit aussi la petite Aurore qui demandait pardon pour son frère. L'ogresse reconnut la voix de la reine et de ses enfants, et furieuse d'avoir été trompée, elle commande dès le lendemain au matin, avec une voix épouvantable qui faisait trembler tout le monde, qu'on apportât au milieu de la cour une grande cuve, qu'elle fit remplir de crapauds, de vipères, de couleuvres et de serpents, pour y faire jeter la reine et ses enfants, le maître d'hôtel, sa femme et sa servante : elle avait donné ordre de les amener les mains liées derrière le dos. Ils étaient là, et les bourreaux se préparaient à les jeter dans la cuve, lorsque le roi, qu'on n'attendait pas si tôt, entra dans la cour à cheval ; il était venu en poste, et demanda tout étonné ce que voulait dire cet horrible spectacle ; personne n'osait l'en instruire, quand l'ogresse, enragée de voir ce qu'elle voyait, se jeta elle-même la tête la première dans la cuve, et fut dévorée en un instant par les vilaines bêtes qu'elle y avait fait mettre. Le roi ne laissa pas d'en être fâché : elle était sa mère ; mais il s'en consola bientôt avec sa belle femme et ses enfants.

[1] *halener : flairer.*

Le Petit Chaperon rouge

Il était une fois une petite fille de village, la plus jolie qu'on eût su voir ; sa mère en était folle, et sa mère-grand plus folle encore. Cette bonne femme lui fit faire un petit chaperon rouge, qui lui seyait si bien, que partout on l'appelait le Petit Chaperon rouge.

Un jour sa mère, ayant cuit et fait des galettes, lui dit : « Va voir comme se porte ta mère-grand, car on m'a dit qu'elle était malade, porte-lui une galette et ce petit pot de beurre. » Le Petit Chaperon rouge partit aussitôt pour aller chez sa mère-grand, qui demeurait dans un autre village. En passant dans un bois elle rencontra compère le loup, qui eut bien envie de la manger ; mais il n'osa, à cause de quelques bûcherons qui étaient dans la forêt. Il lui demanda où elle allait ; la pauvre enfant, qui ne savait pas qu'il est dangereux de s'arrêter à écouter un loup, lui dit : « Je vais voir ma mère-grand, et lui porter une galette avec un petit pot de beurre que ma mère lui envoie. — Demeure-t-elle bien loin ? lui dit le loup. — Oh ! oui, dit le Petit Chaperon rouge, c'est par-delà le moulin que vous voyez tout là-bas, là-bas, à la première maison du village. — Eh bien, dit le loup, je veux l'aller voir aussi ; je m'y en vais par ce chemin-ci, et toi par ce chemin-là, et nous verrons qui plus tôt y sera. »

Le loup se mit à courir de toute sa force le chemin qui était le plus court, et la petite fille s'en alla par le chemin le plus long, s'amusant à cueillir des noisettes, à courir après des papillons, et à faire des bouquets des petites fleurs qu'elle rencontrait.

Le loup ne fut pas longtemps à arriver à la maison de la mère-grand ; il heurte : toc, toc. « Qui est là ? — C'est votre fille le Petit Chaperon rouge (dit le loup, en contrefaisant sa voix) qui vous apporte une galette et un petit pot de beurre que ma mère vous envoie. » La bonne mère-grand, qui était dans son lit à cause qu'elle se trouvait un peu mal, lui cria : « Tire la chevillette, la bobinette cherra. » Le loup tira la chevillette, et la porte s'ouvrit. Il se jeta sur la bonne femme, et la dévora en moins de rien ; car il y avait plus de trois jours qu'il n'avait mangé.

Ensuite il ferma la porte, et s'alla coucher dans le lit de la mère-grand, en attendant le Petit Chaperon rouge, qui quelque temps après vint heurter à la porte. Toc, toc. « Qui est là ? » Le Petit Chaperon rouge, qui entendit la grosse voix du loup, eut peur d'abord, mais croyant que sa mère-grand était enrhumée, répondit : « C'est votre fille le Petit Chaperon rouge, qui vous apporte une galette et un petit pot de beurre que ma mère vous envoie. » Le loup lui cria en adoucissant un peu sa voix : « Tire la chevillette, la bobinette cherra. »

Le Petit Chaperon rouge tira la chevillette, et la porte s'ouvrit. Le loup, la voyant entrer, lui dit en se cachant dans le lit sous la couverture : « Mets la galette et le petit pot de beurre sur la huche, et viens te coucher avec moi. » Le Petit Chaperon rouge se déshabille, et va se mettre dans le lit, où elle fut bien étonnée de voir comment sa mère-grand était faite en son déshabillé. Elle lui dit : « Ma mère-grand, que vous avez de grands bras !

— C'est pour mieux t'embrasser, ma fille.

— Ma mère-grand, que vous avez de grandes jambes !

— C'est pour mieux courir, mon enfant.

— Ma mère-grand, que vous avez de grandes oreilles !

— C'est pour mieux écouter, mon enfant.

— Ma mère-grand, que vous avez de grands yeux !

— C'est pour mieux voir, mon enfant.

— Ma mère-grand, que vous avez de grandes dents !

— C'est pour te manger. »

Et en disant ces mots, ce méchant loup se jeta sur le Petit Chaperon rouge, et la mangea.

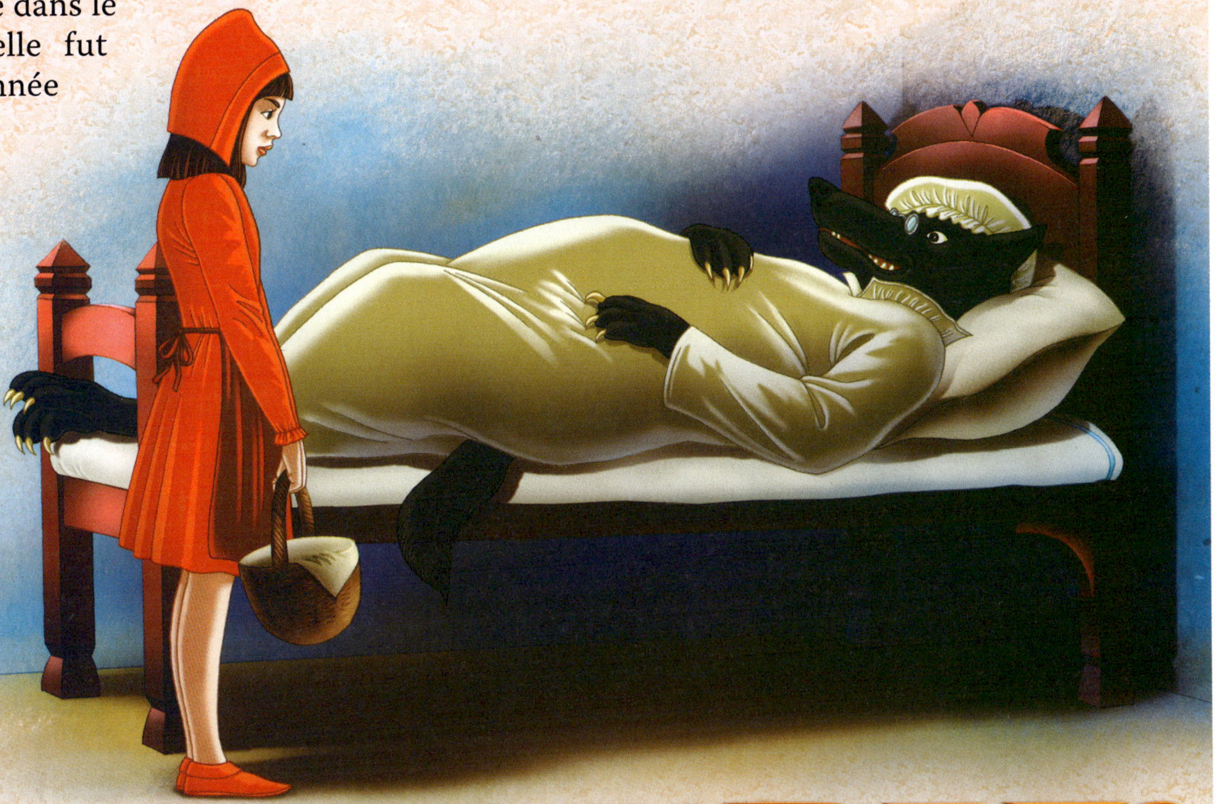

La Barbe bleue

Il était une fois un homme qui avait de belles maisons à la ville et à la campagne, de la vaisselle d'or et d'argent, des meubles en broderie, et des carrosses tout dorés ; mais par malheur cet homme avait la barbe bleue : cela le rendait si laid et si terrible, qu'il n'était ni femme ni fille qui ne s'enfuît de devant lui. Une de ses voisines, dame de qualité, avait deux filles parfaitement belles. Il lui en demanda une en mariage, et lui laissa le choix de celle qu'elle voudrait lui donner. Elles n'en voulaient point toutes deux, et se le renvoyaient l'une à l'autre, ne pouvant se résoudre à prendre un homme qui eût la barbe bleue. Ce qui les dégoûtait encore, c'est qu'il avait déjà épousé plusieurs femmes, et qu'on ne savait ce que ces femmes étaient devenues. La Barbe bleue, pour faire connaissance, les mena avec leur mère, et trois ou quatre de leurs meilleures amies, et quelques jeunes gens du voisinage, à une de ses maisons de campagne, où on demeura huit jours entiers. Ce n'était que promenades, que parties de chasse et de pêche, que danses et festins, que collations : on ne dormait point, et on passait toute la nuit à se faire des malices les uns aux autres ; enfin tout alla si bien, que la cadette commença à trouver que le maître du logis n'avait plus la barbe si bleue, et que c'était un fort honnête homme. Dès qu'on fut de retour à la ville, le mariage se conclut.

Au bout d'un mois la Barbe bleue dit à sa femme qu'il était obligé de faire un voyage en province, de six semaines au moins, pour une affaire de conséquence ; qu'il la priait de se bien divertir pendant son absence, qu'elle fît venir ses bonnes amies, qu'elle les menât à la campagne si elle voulait, que partout elle fît bonne chère[1]. « Voilà, lui dit-il, les clefs des deux grands garde-meubles, voilà celles de la vaisselle d'or et d'argent qui ne sert pas tous les jours, voilà celles de mes coffres-forts, où est

[1] *elle fît bonne chère : elle fît bon visage.*

mon or et mon argent, celles des cassettes où sont mes pierreries, et voilà le passe-partout de tous les appartements. Pour cette petite clef-ci, c'est la clef du cabinet au bout de la grande galerie de l'appartement bas : ouvrez tout, allez partout, mais pour ce petit cabinet, je vous défends d'y entrer, et je vous le défends de telle sorte, que s'il vous arrive de l'ouvrir, il n'y a rien que vous ne deviez attendre de ma colère. » Elle promit d'observer exactement tout ce qui lui venait d'être ordonné ; et lui, après l'avoir embrassée, il monte dans son carrosse, et part pour son voyage. Les voisines et les bonnes amies n'attendirent pas qu'on les envoyât quérir pour aller chez la jeune mariée, tant elles avaient d'impatience de voir toutes les richesses de sa maison, n'ayant osé y venir pendant que le mari y était, à cause de sa barbe bleue qui leur faisait peur. Les voilà aussitôt à parcourir les chambres, les cabinets, les garde-robes, toutes plus belles et plus riches les unes que les autres. Elles montèrent ensuite aux garde-meubles, où elles ne pouvaient assez admirer le nombre et la beauté des tapisseries, des lits, des sofas, des cabinets, des guéridons, des tables et des miroirs, où l'on se voyait depuis les pieds jusqu'à la tête, et dont les bordures, les unes de glace, les autres d'argent et de vermeil doré, étaient les plus belles et les plus magnifiques qu'on eût jamais vues. Elles ne cessaient d'exagérer et d'envier le bonheur de leur amie, qui cependant ne se divertissait point à voir toutes ces richesses, à cause de l'impatience qu'elle avait d'aller ouvrir le cabinet de l'appartement bas. Elle fut si pressée de sa curiosité, que sans considérer qu'il était malhonnête de quitter sa compagnie, elle y descendit par un petit escalier dérobé, et avec tant de précipitation, qu'elle pensa se rompre le cou deux ou trois fois. Étant arrivée à la porte du cabinet, elle s'y arrêta quelque temps, songeant à la défense que son mari lui avait faite, et

considérant qu'il pourrait lui arriver malheur d'avoir été désobéissante ; mais la tentation était si forte qu'elle ne put la surmonter : elle prit donc la petite clef, et ouvrit en tremblant la porte du cabinet. D'abord elle ne vit rien, parce que les fenêtres étaient fermées ; après quelques moments elle commença à voir que le plancher était tout couvert de sang caillé, et que dans ce sang se miraient les corps de plusieurs femmes mortes et attachées le long des murs (c'était toutes les femmes que la Barbe bleue avait épousées et qu'il avait égorgées l'une après l'autre). Elle pensa mourir de peur, et la clef du cabinet qu'elle venait de retirer de la serrure lui tomba de la main. Après avoir un peu repris ses esprits, elle ramassa la clef, referma la porte, et monta à sa chambre pour se remettre un peu ; mais elle n'en pouvait venir à bout, tant elle était émue. Ayant remarqué que la clef du cabinet était tachée de sang, elle l'essuya deux ou trois fois, mais le sang ne s'en allait point ; elle eut beau la laver, et même la frotter avec du sablon et avec du grès, il y demeura toujours du sang, car la clef était fée, et il n'y avait pas moyen de la nettoyer tout à fait : quand on ôtait le sang d'un côté, il revenait de l'autre.

La Barbe bleue revint de son voyage dès le soir même, et dit qu'il avait reçu des lettres dans le chemin, qui lui avaient appris que l'affaire pour laquelle il était parti venait d'être terminée à son avantage. Sa femme fit tout ce qu'elle put pour lui témoigner qu'elle était ravie de son prompt retour. Le lendemain il lui redemanda les clefs, et elle les lui donna, mais d'une main si tremblante, qu'il devina sans peine tout ce qui s'était passé.

« D'où vient, lui dit-il, que la clef du cabinet n'est point avec les autres ?
— Il faut, dit-elle, que je l'aie laissée là-haut sur ma table.

— Ne manquez pas, dit la Barbe bleue, de me la donner tantôt. » Après plusieurs remises, il fallut apporter la clef. La Barbe bleue, l'ayant considérée, dit à sa femme :

« Pourquoi y a-t-il du sang sur cette clef ?

— Je n'en sais rien, répondit la pauvre femme, plus pâle que la mort.

— Vous n'en savez rien, reprit la Barbe bleue, je le sais bien, moi ; vous avez voulu entrer dans le cabinet ! Eh bien, madame, vous y entrerez, et irez prendre votre place auprès des dames que vous y avez vues. »

Elle se jeta aux pieds de son mari, en pleurant et en lui demandant pardon, avec toutes les marques d'un vrai repentir de n'avoir pas été obéissante. Elle aurait attendri un rocher, belle et affligée comme elle était ; mais la Barbe bleue avait le cœur plus dur qu'un rocher.

« Il faut mourir, madame, lui dit-il, et tout à l'heure.

— Puisqu'il faut mourir, répondit-elle, en le regardant les yeux baignés de larmes, donnez-moi un

peu de temps pour prier Dieu.

— Je vous donne un quart d'heure, reprit la Barbe bleue, mais pas un moment davantage. »

Lorsqu'elle fut seule, elle appela sa sœur, et lui dit :

« Ma sœur Anne (car elle s'appelait ainsi), monte, je te prie, sur le haut de la tour, pour voir si mes frères ne viennent point ; ils m'ont promis qu'ils me viendraient voir aujourd'hui, et si tu les vois, fais-leur signe de se hâter. »

La sœur Anne monta sur le haut de la tour, et la pauvre affligée lui criait de temps en temps :

« Anne, ma sœur Anne, ne vois-tu rien venir ? »

Et la sœur Anne lui répondait :

« Je ne vois rien que le soleil qui poudroie, et l'herbe qui verdoie. »

Cependant la Barbe bleue, tenant un grand coutelas à sa main, criait de toute sa force à sa femme :

« Descends vite, ou je monterai là-haut.

— Encore un moment, s'il vous plaît », lui répondait sa femme, et aussitôt elle criait tout bas :

« Anne, ma sœur Anne, ne vois-tu rien venir ? »

Et la sœur Anne répondait :

« Je ne vois rien que le soleil qui poudroie, et l'herbe qui verdoie. »

« Descends donc vite, criait la Barbe bleue, ou je monterai là-haut.

— Je m'en vais », répondait sa femme, et puis elle criait :

« Anne, ma sœur Anne, ne vois-tu rien venir ?

— Je vois, répondit la sœur Anne, une grosse poussière qui vient de ce côté-ci.

— Sont-ce mes frères ?

— Hélas ! non, ma sœur, c'est un troupeau de moutons. »

« Ne veux-tu pas descendre ? criait la Barbe bleue.

— Encore un moment », répondait sa femme ; et puis elle criait :

« Anne, ma sœur Anne, ne vois-tu rien venir ?

— Je vois, répondit-elle, deux cavaliers qui viennent de ce côté-ci, mais ils sont bien loin encore... Dieu soit loué, s'écria-t-elle un moment après, ce sont mes frères ; je leur fais signe tant que je puis de se hâter. »

La Barbe bleue se mit à crier si fort que toute la maison en trembla. La pauvre femme descendit, et alla se jeter à ses pieds tout éplorée et tout échevelée.

« Cela ne sert de rien, dit la Barbe bleue, il faut mourir. »

Puis la prenant d'une main par les cheveux, et de l'autre levant le coutelas en l'air, il allait lui abattre la tête. La pauvre femme se tournant vers lui, et le regardant avec des yeux mourants, le pria de lui donner un petit moment pour se recueillir.

« Non, non, dit-il, recommande-toi bien à Dieu » ; et levant son bras...

Dans ce moment on heurta si fort à la porte, que la Barbe bleue s'arrêta tout court : on ouvrit, et aussitôt on vit entrer deux cavaliers, qui mettant l'épée à la main, coururent droit à la Barbe bleue. Il reconnut que c'était les frères de sa femme, l'un dragon[1] et l'autre mousquetaire, de sorte qu'il s'enfuit aussitôt pour se sauver ; mais les deux frères le poursuivirent de si près, qu'ils l'attrapèrent avant qu'il pût gagner le perron. Ils lui passèrent leur épée au travers du corps, et le laissèrent mort. La pauvre femme était presque aussi morte que son mari, et n'avait pas la force de se lever pour embrasser ses frères. Il se trouva que la Barbe bleue n'avait point d'héritiers, et qu'ainsi sa femme demeura maîtresse de tous ses biens. Elle en employa une partie à marier sa sœur Anne avec un jeune gentilhomme, dont elle était aimée depuis longtemps ; une autre partie à acheter des charges de capitaine à ses deux frères ; et le reste à se marier elle-même à un fort honnête homme, qui lui fit oublier le mauvais temps qu'elle avait passé avec la Barbe bleue.

[1] *dragon : soldat de cavalerie.*

Le Maître Chat ou Le Chat botté

Un meunier ne laissa pour tous biens à trois enfants qu'il avait, que son moulin, son âne, et son chat. Les partages furent bientôt faits, ni le notaire, ni le procureur n'y furent point appelés. Ils auraient eu bientôt mangé tout le pauvre patrimoine. L'aîné eut le moulin, le second eut l'âne, et le plus jeune n'eut que le chat. Ce dernier ne pouvait se consoler d'avoir un si pauvre lot :

« Mes frères, disait-il, pourront gagner leur vie honnêtement en se mettant ensemble ; pour moi, lorsque j'aurai mangé mon chat, et que je me serai fait un manchon de sa peau, il faudra que je meure de faim. »

Le chat qui entendait ce discours, mais qui n'en fit pas semblant, lui dit d'un air posé et sérieux :

« Ne vous affligez point, mon maître, vous n'avez qu'à me donner un sac, et me faire faire une paire de bottes pour aller dans les broussailles, et vous verrez que vous n'êtes pas si mal partagé que vous croyez. »

Quoique le maître du chat ne fît pas grand fond là-dessus, il lui avait vu faire tant de tours de souplesse, pour prendre des rats et des souris, comme quand il se pendait par les pieds, ou qu'il se cachait dans la farine pour faire le mort, qu'il ne désespéra pas d'en être secouru dans sa misère.

Lorsque le chat eut ce qu'il avait demandé, il se botta bravement, et mettant son sac à son cou, il en prit les cordons avec ses deux pattes de devant, et s'en alla dans une garenne où il y avait grand nombre de lapins. Il mit du son et des lasserons[1] dans son sac, et s'étendant comme s'il eût été mort, il attendit que quelque jeune lapin, peu instruit encore des ruses de ce monde, vînt se fourrer dans son sac pour manger ce qu'il y avait mis. À peine fut-il couché, qu'il eut contentement ; un jeune étourdi de lapin entra dans son sac et le Maître Chat tirant aussitôt les cordons le prit et le tua sans miséricorde.

Tout glorieux de sa proie, il s'en

[1] *lasserons : salades.*

alla chez le roi et demanda à lui parler. On le fit monter à l'appartement de Sa Majesté, où étant entré il fit une grande révérence au roi, et lui dit :

« Voilà, Sire, un lapin de garenne que monsieur le marquis de Carabas (c'était le nom qu'il lui prit en gré de donner à son maître) m'a chargé de vous présenter de sa part.

— Dis à ton maître, répondit le roi, que je le remercie, et qu'il me fait plaisir. »

Une autre fois, il alla se cacher dans un blé, tenant toujours son sac ouvert ; et lorsque deux perdrix y furent entrées, il tira les cordons, et les prit toutes deux. Il alla ensuite les présenter au roi, comme il avait fait le lapin de garenne. Le roi reçut encore avec plaisir les deux perdrix, et lui fit donner pour boire. Le chat continua ainsi pendant deux ou trois mois à porter de temps en temps au roi du gibier de la chasse de son maître.

Un jour qu'il sut que le roi devait aller à la promenade sur le bord de la rivière avec sa fille, la plus belle princesse du monde, il dit à son maître :

« Si vous voulez suivre mon conseil, votre fortune est faite : vous n'avez qu'à vous baigner dans la rivière à l'endroit que je vous montrerai, et ensuite me laisser faire. »

Le marquis de Carabas fit ce que son chat lui conseillait, sans savoir à quoi cela serait bon. Dans le temps qu'il se baignait, le roi vint à passer, et le chat se mit à crier de toute sa force :

« Au secours, au secours, voilà monsieur le marquis de Carabas qui se noie ! »

A ce cri le roi mit la tête à la portière, et reconnaissant le chat qui lui avait apporté tant de fois du gibier, il ordonna à ses gardes qu'on allât vite au secours de monsieur le marquis de Carabas. Pendant qu'on retirait le pauvre marquis de la rivière, le chat s'approcha du carrosse, et dit au roi que dans le temps que son maître se baignait, il était venu des voleurs qui avaient emporté ses habits, quoiqu'il eût crié « au voleur ! » de toute sa force ; le drôle les avait cachés sous une grosse pierre.

Le roi ordonna aussitôt aux officiers de sa garde-robe d'aller quérir un de ses plus beaux habits pour monsieur le marquis de Carabas. Le roi lui fit mille caresses, et comme les beaux habits qu'on venait de lui donner relevaient sa bonne mine (car il était beau, et bien fait de sa personne), la fille du roi le trouva fort à son gré, et le marquis de Carabas ne lui eut pas jeté deux ou trois regards fort respectueux, et un peu tendres, qu'elle en devint amoureuse à la folie.

Le roi voulut qu'il montât dans son carrosse, et qu'il fût de la promenade. Le chat, ravi de voir que son dessein commençait à réussir, prit les devants, et ayant rencontré des paysans qui fauchaient un pré, il leur dit :

« Bonnes gens qui fauchez, si vous ne dites au roi que le pré que vous fauchez appartient à monsieur le marquis de Carabas, vous serez tous hachés menu comme chair à pâté. »

Le roi ne manqua pas à demander aux faucheux à qui était ce pré qu'ils fauchaient. « C'est à monsieur le marquis de Carabas », dirent-ils tous ensemble, car la menace du chat leur avait fait peur.

« Vous avez là un bel héritage, dit le roi au marquis de Carabas.

— Vous voyez, Sire, répondit le marquis, c'est un pré qui ne manque point de rapporter abondamment toutes les années. »

Le Maître Chat, qui allait toujours devant, rencontra des moissonneurs, et leur dit : « Bonnes gens qui moissonnez, si vous ne dites pas que tous ces blés appartiennent à monsieur le marquis de Carabas, vous serez tous hachés menu comme chair à pâté. »

Le roi, qui passa un moment après, voulut savoir à qui appartenaient tous les blés qu'il voyait. « C'est à monsieur le marquis de Carabas », répondirent les moissonneurs, et le roi s'en réjouit encore avec le marquis.

Le chat, qui allait devant le carrosse, disait toujours la même chose à tous ceux qu'il rencontrait ; et le roi était étonné des grands biens de monsieur le marquis de Carabas. Le Maître Chat arriva enfin dans un beau château dont le maître était un ogre, le plus riche qu'on ait jamais vu, car toutes les terres par où le roi avait passé étaient de la dépendance de ce château. Le chat, qui eut soin de s'informer qui était cet ogre, et ce qu'il savait faire, demanda à lui parler, disant qu'il n'avait pas voulu passer si près de son château, sans avoir l'honneur de lui faire la révérence. L'ogre le reçut aussi civilement que le peut un ogre, et le fit reposer.

« On m'a assuré, dit le chat, que vous aviez le don de vous changer en toutes sortes d'animaux, que vous pouviez par exemple vous transformer en lion, en éléphant ?

— Cela est vrai, répondit l'ogre brusquement, et pour vous le montrer, vous m'allez voir devenir lion. »

Le chat fut si effrayé de voir un lion devant lui, qu'il gagna aussitôt les gouttières, non sans peine et sans péril, à cause de ses bottes qui ne valaient rien pour marcher sur les tuiles. Quelque temps après, le chat, ayant vu que l'ogre avait quitté sa première forme, descendit, et avoua qu'il avait eu bien peur.

« On m'a assuré encore, dit le chat, mais je ne saurais le croire, que vous aviez aussi le pouvoir de prendre la forme des plus petits animaux, par exemple, de vous changer en un rat, en une souris ; je vous avoue que je tiens cela tout à fait impossible.

— Impossible ? reprit l'ogre, vous allez voir », et en même temps il se changea en une souris, qui se mit à courir sur le plancher. Le chat ne l'eut pas plus tôt aperçue qu'il se jeta dessus, et la mangea.

Cependant le roi, qui vit en passant le beau château de l'ogre, voulut entrer dedans. Le chat, qui entendit le bruit du carrosse qui passait sur le pont-levis, courut audevant, et dit au roi :

« Votre Majesté soit la bienvenue dans le château de monsieur le marquis de Carabas.

— Comment, monsieur le marquis, s'écria le roi, ce château est encore à vous ! Il ne se peut rien de plus beau que cette cour et que tous ces bâtiments qui l'environnent ; voyons-les dedans, s'il vous plaît. »

Le marquis donna la main à la jeune princesse, et suivant le roi qui montait le premier, ils entrèrent dans une grande salle où ils trouvèrent une magnifique collation que l'ogre avait fait préparer pour ses amis qui le devaient venir voir ce même jour-là, mais qui n'avaient pas osé entrer, sachant que le roi y était. Le roi, charmé des bonnes qualités de monsieur le marquis de Carabas, de même que sa fille qui en était folle, et voyant les grands biens qu'il possédait, lui dit, après avoir bu cinq ou six coupes : « Il ne tiendra qu'à vous, monsieur le marquis, que vous ne soyez mon gendre. »

Le marquis, faisant de grandes révérences, accepta l'honneur que lui faisait le roi ; et dès le même jour épousa la princesse. Le chat devint grand seigneur, et ne courut plus après les souris que pour se divertir.

Les Fées

Il était une fois une veuve qui avait deux filles ; l'aînée lui ressemblait si fort et d'humeur et de visage, que qui la voyait voyait la mère. Elles étaient toutes deux si désagréables et si orgueilleuses qu'on ne pouvait vivre avec elles. La cadette, qui était le vrai portrait de son père pour la douceur et pour l'honnêteté, était avec cela une des plus belles filles qu'on eût su voir. Comme on aime naturellement son semblable, cette mère était folle de sa fille aînée, et en même temps avait une aversion effroyable pour la cadette. Elle la faisait manger à la cuisine et travailler sans cesse.

Il fallait entre autres choses que cette pauvre enfant allât deux fois le jour puiser de l'eau à une grande demi-lieue du logis, et qu'elle en rapportât plein une grande cruche. Un jour qu'elle était à cette fontaine, il vint à elle une pauvre femme qui la pria de lui donner à boire.

« Oui-da, ma bonne mère », dit cette belle fille ; et rinçant aussitôt sa cruche, elle puisa de l'eau au plus bel endroit de la fontaine, et la lui présenta, soutenant toujours la cruche afin qu'elle bût plus aisément. La bonne femme, ayant bu, lui dit : « Vous êtes si belle, si bonne, et si honnête, que je ne puis m'empêcher de vous faire un don (car c'était une fée qui avait pris la forme d'une pauvre femme de village, pour voir jusqu'où irait l'honnêteté de cette jeune fille). Je vous donne pour don, poursuivit la fée, qu'à chaque parole que vous direz, il vous sortira de la bouche ou une fleur, ou une pierre précieuse. »

Lorsque cette belle fille arriva au logis, sa mère la gronda de revenir si tard de la fontaine. « Je vous demande pardon, ma mère, dit cette pauvre fille, d'avoir tardé si longtemps » ; et en disant ces mots, il lui sortit de la bouche deux roses, deux perles, et deux gros diamants. « Que vois-je là ! dit sa mère tout étonnée ; je crois qu'il lui sort de la bouche des

perles et des diamants ; d'où vient cela, ma fille ? » (Ce fut là la première fois qu'elle l'appela sa fille). La pauvre enfant lui raconta naïvement tout ce qui lui était arrivé, non sans jeter une infinité de diamants.

« Vraiment, dit la mère, il faut que j'y envoie ma fille ; tenez, Fanchon, voyez ce qui sort de la bouche de votre sœur quand elle parle ; ne seriez-vous pas bien aise d'avoir le même don ? Vous n'avez qu'à aller puiser de l'eau à la fontaine, et quand une pauvre femme vous demandera à boire, lui en donner bien honnêtement.

— Il me ferait beau voir, répondit la brutale, aller à la fontaine.

— Je veux que vous y alliez, reprit la mère, et tout à l'heure. »

Elle y alla, mais toujours en grondant. Elle prit le plus beau flacon d'argent qui fût dans le logis. Elle ne fut pas plus tôt arrivée à la fontaine qu'elle vit sortir du bois une dame magnifiquement vêtue qui vint lui demander à boire : c'était la même fée qui avait apparu à sa sœur, mais qui avait pris l'air et les habits d'une princesse, pour voir jusqu'où irait la malhonnêteté de cette fille.

« Est-ce que je suis ici venue, lui dit cette brutale orgueilleuse, pour vous donner à boire ? Justement j'ai apporté un flacon d'argent tout exprès pour donner à boire à

madame ! J'en suis d'avis, buvez à même si vous voulez.

— Vous n'êtes guère honnête, reprit la fée, sans se mettre en colère ; eh bien ! puisque vous êtes si peu obligeante, je vous donne pour don qu'à chaque parole que vous direz, il vous sortira de la bouche ou un serpent ou un crapaud. »

D'abord que sa mère l'aperçut, elle lui cria : « eh bien, ma fille !

— Eh bien, ma mère ! lui répondit la brutale, en jetant deux vipères, et deux crapauds.

— Ô ciel ! s'écria la mère, que vois-je là ? C'est sa sœur qui en est cause, elle me le paiera » ; et aussitôt elle courut pour la battre.

La pauvre enfant s'enfuit, et alla se sauver dans la forêt prochaine. Le fils du roi qui revenait de la chasse la rencontra et la voyant si belle, lui demanda ce qu'elle faisait là toute seule et ce qu'elle avait à pleurer. « Hélas ! monsieur, c'est ma mère qui m'a chassée du logis. » Le fils du roi, qui vit sortir de sa bouche cinq ou six perles, et autant de diamants, la pria de lui dire d'où cela lui venait. Elle lui conta toute son aventure. Le fils du roi en devint amoureux, et considérant qu'un tel don valait mieux que tout ce qu'on pouvait donner en mariage à une autre, l'emmena au palais du roi son père, où il l'épousa.

Pour sa sœur, elle se fit tant haïr, que sa propre mère la chassa de chez elle ; et la malheureuse, après avoir bien couru sans trouver personne qui voulût la recevoir, alla mourir au coin d'un bois.

Cendrillon ou La Petite Pantoufle de verre

Il était une fois un gentilhomme qui épousa en secondes noces une femme, la plus hautaine et la plus fière qu'on eût jamais vue. Elle avait deux filles de son humeur, et qui lui ressemblaient en toutes choses. Le mari avait de son côté une jeune fille, mais d'une douceur et d'une bonté sans exemple ; elle tenait cela de sa mère, qui était la meilleure personne du monde. Les noces ne furent pas plus tôt faites, que la belle-mère fit éclater sa mauvaise humeur ; elle ne put souffrir les bonnes qualités de cette jeune enfant, qui rendaient ses filles encore plus haïssables. Elle la chargea des plus viles occupations de la maison : c'était elle qui nettoyait la vaisselle et les montées, qui frottait la chambre de madame, et celles de mesdemoiselles ses filles ; elle couchait tout au haut de la maison, dans un grenier, sur une méchante paillasse, pendant que ses sœurs étaient dans des chambres parquetées, où elles avaient des lits des plus à la mode, et des miroirs où elles se voyaient depuis les pieds jusqu'à la tête. La pauvre fille souffrait tout avec patience, et n'osait s'en plaindre à son père qui l'aurait grondée, parce que sa femme le gouvernait entièrement. Lorsqu'elle avait fait son ouvrage, elle s'allait mettre au coin de la cheminée, et s'asseoir dans les cendres, ce qui faisait qu'on l'appelait communément dans le logis Cucendron. La cadette, qui n'était pas si malhonnête que son aînée, l'appelait Cendrillon ; cependant Cendrillon, avec ses méchants habits, ne laissait pas d'être cent fois plus belle que ses sœurs, quoique vêtues très magnifiquement.

Il arriva que le fils du roi donna un bal, et qu'il en pria toutes les personnes de qualité : nos deux demoiselles en furent aussi priées, car elles faisaient grande figure dans le pays. Les voilà bien aises et bien occupées à choisir les habits et les coiffures qui leur siéraient le mieux ; nouvelle peine pour Cendrillon, car c'était elle

qui repassait le linge de ses sœurs et qui godronnait[1] leurs manchettes. On ne parlait que de la manière dont on s'habillerait.

« Moi, dit l'aînée, je mettrai mon habit de velours rouge et ma garniture d'Angleterre.

— Moi, dit la cadette, je n'aurai que ma jupe ordinaire ; mais en récompense, je mettrai mon manteau à fleurs d'or, et ma barrière[2] de diamants, qui n'est pas des plus indifférentes. »

On envoya quérir la bonne coiffeuse, pour dresser les cornettes à deux rangs, et on fit acheter des mouches de la bonne faiseuse : elles appelèrent Cendrillon pour lui demander son avis, car elle avait le goût bon. Cendrillon les conseilla le mieux du monde, et s'offrit même à les coiffer ; ce qu'elles voulurent bien. En les coiffant, elles lui disaient :

« Cendrillon, serais-tu bien aise d'aller au bal ?

— Hélas, mesdemoiselles, vous vous moquez de moi, ce n'est pas là ce qu'il me faut.

— Tu as raison, on rirait bien si on voyait un Cucendron[3] aller au bal. »

Une autre que Cendrillon les aurait coiffées de travers ; mais elle était bonne, et elle les coiffa parfaitement bien. Elles furent près de deux jours sans manger, tant elles étaient transportées de joie. On rompit plus de douze lacets à force de les serrer pour leur rendre la taille plus menue, et elles étaient toujours devant leur miroir. Enfin l'heureux jour arriva, on partit, et Cendrillon les suivit des yeux le plus longtemps qu'elle put ; lorsqu'elle ne les vit plus, elle se mit à pleurer. Sa marraine, qui la vit toute en pleurs, lui demanda ce qu'elle avait.

« Je voudrais bien... je voudrais bien... »

Elle pleurait si fort qu'elle ne put achever. Sa marraine, qui était fée, lui dit :

« Tu voudrais bien aller au bal, n'est-ce pas ?

— Hélas oui », dit Cendrillon en soupirant.

« Eh bien, seras-tu bonne fille ? dit sa marraine, je t'y ferai aller. »

Elle la mena dans sa chambre, et lui dit :

« Va dans le jardin et apporte-moi une citrouille. »

[1] godronnait : plissait. - [2] barrière : bracelet. - [3] Cucendron : surnom péjoratif qui a rapport avec la saleté.

Cendrillon alla aussitôt cueillir la plus belle qu'elle put trouver, et la porta à sa marraine, ne pouvant deviner comment cette citrouille la pourrait faire aller au bal. Sa marraine la creusa, et n'ayant laissé que l'écorce, la frappa de sa baguette, et la citrouille fut aussitôt changée en un beau carrosse tout doré. Ensuite elle alla regarder dans sa souricière, où elle trouva six souris toutes en vie ; elle dit à Cendrillon de lever un peu la trappe de la souricière, et à chaque souris qui sortait, elle lui donnait un coup de sa baguette, et la souris était aussitôt changée en un beau cheval ; ce qui fit un bel attelage de six chevaux, d'un beau gris de souris pommelé. Comme elle était en peine de quoi elle ferait un cocher :

« Je vais voir, dit Cendrillon, s'il n'y a point quelque rat dans la ratière, nous en ferons un cocher.

— Tu as raison, dit sa marraine, va voir. »

Cendrillon lui apporta la ratière, où il y avait trois gros rats. La fée en prit un d'entre les trois, à cause de sa maîtresse barbe, et l'ayant touché, il fut changé en un gros cocher, qui avait une des plus belles moustaches qu'on ait jamais vues. Ensuite elle lui dit :

« Va dans le jardin, tu y trouveras six lézards derrière l'arrosoir, apporte-les-moi. »

Elle ne les eut pas plus tôt apportés que la marraine les changea en six laquais, qui montèrent aussitôt derrière le carrosse avec leurs habits chamarrés, et qui s'y tenaient attachés, comme s'ils n'eussent fait autre chose toute leur vie. La fée dit alors à Cendrillon :

« Eh bien, voilà de quoi aller au bal, n'es-tu pas bien aise ?

— Oui, mais est-ce que j'irai comme cela avec mes vilains habits ? »

Sa marraine ne fit que la toucher avec sa baguette, et en même temps ses habits furent changés en des habits de drap d'or et d'argent tout chamarrés de pierreries ; elle lui donna ensuite une paire de pantoufles de verre, les plus jolies du monde. Quand elle fut ainsi parée, elle monta en carrosse ; mais sa marraine lui recommanda sur toutes choses de ne pas passer minuit, l'avertissant que si elle demeurait au bal un moment davantage, son carrosse redeviendrait citrouille, ses chevaux des souris, ses laquais des lézards, et que ses vieux habits reprendraient leur première forme. Elle promit à sa marraine qu'elle ne manquerait pas de sortir du bal avant minuit. Elle part, ne se sentant pas de joie. Le fils du roi, qu'on alla avertir qu'il venait d'arriver une grande princesse qu'on ne connaissait

point, courut la recevoir ; il lui donna la main à la descente du carrosse, et la mena dans la salle où était la compagnie. Il se fit alors un grand silence ; on cessa de danser et les violons ne jouèrent plus, tant on était attentif à contempler les grandes beautés de cette inconnue. On n'entendait qu'un bruit confus :

« Ah, qu'elle est belle ! »

Le roi même, tout vieux qu'il était, ne laissait pas de la regarder, et de dire tout bas à la reine qu'il y avait longtemps qu'il n'avait vu une si belle et si aimable personne. Toutes les dames étaient attentives à considérer sa coiffure et ses habits, pour en avoir dès le lendemain de semblables, pourvu qu'il se trouvât des étoffes assez belles, et des ouvriers assez habiles. Le fils du roi la mit à la place la plus honorable, et ensuite la prit pour la mener danser. Elle dansa avec tant de grâce, qu'on l'admira encore davantage. On apporta une fort belle collation, dont le jeune prince ne mangea point, tant il était occupé à la considérer. Elle alla s'asseoir auprès

de ses sœurs, et leur fit mille honnêtetés : elle leur fit part des oranges et des citrons que le prince lui avait donnés, ce qui les étonna fort, car elles ne la connaissaient point.

Lorsqu'elles causaient ainsi, Cendrillon entendit sonner onze heures trois quarts : elle fit aussitôt une grande révérence à la compagnie, et s'en alla le plus vite qu'elle put. Dès qu'elle fut arrivée, elle alla trouver sa marraine, et après l'avoir remerciée, elle lui dit qu'elle souhaiterait bien aller encore le lendemain au bal, parce que le fils du roi l'en avait priée. Comme elle était occupée à raconter à sa marraine tout ce qui s'était passé au bal, les deux sœurs heurtèrent à la porte ; Cendrillon leur alla ouvrir.

« Que vous êtes longtemps à revenir ! » leur dit-elle en bâillant, en se frottant les yeux, et en s'étendant comme si elle n'eût fait que de se réveiller ; elle n'avait cependant pas eu envie de dormir depuis qu'elles s'étaient quittées.

« Si tu étais venue au bal, lui dit une de ses sœurs, tu ne t'y serais pas

ennuyée : il y est venu la plus belle princesse, la plus belle qu'on puisse jamais voir ; elle nous a fait mille civilités, elle nous a donné des oranges et des citrons. »

Cendrillon ne se sentait pas de joie : elle leur demanda le nom de cette princesse ; mais elles lui répondirent qu'on ne la connaissait pas, que le fils du roi en était fort en peine, et qu'il donnerait toutes choses au monde pour savoir qui elle était. Cendrillon sourit et leur dit :

« Elle était donc bien belle ? Mon Dieu, que vous êtes heureuses, ne pourrais-je point la voir ? Hélas ! mademoiselle Javotte, prêtez-moi votre habit jaune que vous mettez tous les jours.

— Vraiment, dit mademoiselle Javotte, je suis de cet avis ! Prêtez votre habit à un vilain Cucendron comme cela : il faudrait que je fusse bien folle. »

Cendrillon s'attendait bien à ce refus, et elle en fut bien aise, car elle aurait été grandement embarrassée si sa sœur eût bien voulu lui prêter son habit. Le lendemain les deux sœurs furent au bal, et Cendrillon aussi, mais encore plus parée que la première fois. Le fils du roi fut toujours auprès d'elle, et ne cessa de lui conter des douceurs ; la jeune demoiselle ne s'ennuyait point, et oublia ce que sa marraine lui avait recommandé ; de sorte qu'elle entendit sonner le premier coup de minuit, lorsqu'elle ne croyait pas qu'il fût encore onze heures : elle se leva et s'enfuit aussi légèrement qu'aurait fait une biche. Le prince la suivit, mais il ne put l'attraper ; elle laissa tomber une de ses pantoufles de verre, que le prince ramassa bien soigneusement. Cendrillon arriva chez elle bien essoufflée, sans carrosse, sans laquais, et avec ses méchants habits, rien ne lui étant resté de toute sa magnificence qu'une de ses petites pantoufles, la pareille de celle qu'elle avait laissée tomber. On demanda aux gardes de la porte du palais s'ils n'avaient point vu sortir une princesse ; ils dirent qu'ils n'avaient vu sortir personne, qu'une jeune fille fort mal vêtue, et qui avait plus l'air d'une paysanne que d'une demoiselle. Quand ses deux sœurs revinrent du bal, Cendrillon leur demanda si elles s'étaient encore bien diverties, et si la belle dame y avait été ; elles lui dirent que oui, mais qu'elle s'était enfuie lorsque minuit avait sonné, et si promptement qu'elle avait laissé tomber une de ses petites pantoufles de verre, la plus jolie du monde ; que le fils du roi l'avait ramassée, et qu'il n'avait fait que la regarder pendant tout le reste du bal, et qu'assurément il était fort amoureux de la belle personne à qui appartenait la petite pantoufle. Elles dirent vrai, car peu de jours après, le fils du roi fit publier à son de trompe qu'il épouserait celle dont le pied serait bien juste à la pantoufle. On commença à l'essayer aux princesses, ensuite aux duchesses, et à toute la cour, mais inutilement. On l'apporta chez les deux sœurs, qui firent tout leur possible pour faire entrer leur pied dans la pantoufle, mais elles ne purent en venir à bout. Cendrillon qui les regardait, et qui reconnut sa pantoufle, dit en riant :

« Que je voie si elle ne me serait pas bonne ! »

Ses sœurs se mirent à rire et à se moquer d'elle. Le gentilhomme qui faisait l'essai de la pantoufle, ayant regardé attentivement Cendrillon, et la trouvant fort belle, dit que cela était juste, et qu'il avait ordre de l'essayer à toutes les filles. Il fit asseoir Cendrillon, et approchant la pantoufle de son petit pied, il vit qu'elle y entrait sans peine, et qu'elle y était juste comme de cire. L'étonnement des deux sœurs fut grand, mais plus grand encore quand Cendrillon tira de sa poche l'autre petite pantoufle qu'elle mit à son pied. Là-dessus arriva la marraine, qui ayant donné un coup de sa baguette sur les habits de Cendrillon, les fit devenir encore plus magnifiques que tous les autres.

Alors ses deux sœurs la reconnurent pour la belle personne qu'elles avaient vue au bal. Elles se jetèrent à ses pieds pour lui demander pardon de tous les mauvais traitements qu'elles lui avaient fait souffrir. Cendrillon les releva, et leur dit, en les embrassant, qu'elle leur pardonnait de bon cœur, et qu'elle les priait de l'aimer bien toujours. On la mena chez le jeune prince, parée comme elle était : il la trouva encore plus belle que jamais, et peu de jours après, il l'épousa. Cendrillon, qui était aussi bonne que belle, fit loger ses deux sœurs au palais, et les maria dès le jour même à deux grands seigneurs de la cour.

Peau d'âne

Il était une fois un roi,
Le plus grand qui fût sur la terre,
Aimable en paix, terrible en guerre,
Seul enfin comparable à soi :
Ses voisins le craignaient, ses États étaient calmes,
Et l'on voyait de toutes parts
Fleurir, à l'ombre de ses palmes,
Et les vertus et les beaux-arts.
Son aimable moitié, sa compagne fidèle,
Était si charmante et si belle,
Avait l'esprit si commode et si doux
Qu'il était encor avec elle
Moins heureux roi qu'heureux époux.
De leur tendre et chaste hyménée[1]
Plein de douceur et d'agrément,
Avec tant de vertus une fille était née
Qu'ils se consolaient aisément
De n'avoir pas de plus ample lignée.
Dans son vaste et riche palais
Ce n'était que magnificence ;
Partout y fourmillait une vive abondance
De courtisans et de valets ;
Il avait dans son écurie
Grands et petits chevaux de toutes les façons ;
Couverts de beaux caparaçons[2],
Roides d'or et de broderie ;
Mais ce qui surprenait tout le monde en entrant,
C'est qu'au lieu le plus apparent,
Un maître âne étalait ses deux grandes oreilles.

[1] hyménée : mariage. - [2] caparaçons : couvertures d'apparat pour les chevaux.

Cette injustice vous surprend,
Mais lorsque vous saurez ses vertus non pareilles,
Vous ne trouverez pas que l'honneur fût trop grand.
Tel et si net le forma la nature
Qu'il ne faisait jamais d'ordure,
Mais bien beaux écus au soleil
Et louis de toute manière,
Qu'on allait recueillir sur la blonde litière
Tous les matins à son réveil.
Or le Ciel qui parfois se lasse
De rendre les hommes contents,
Qui toujours à ses biens mêle quelque disgrâce,
Ainsi que la pluie au beau temps,
Permit qu'une âpre maladie
Tout à coup de la reine attaquât les beaux jours.
Partout on cherche du secours ;
Mais ni la Faculté qui le grec étudie,
Ni les charlatans ayant cours,
Ne purent tous ensemble arrêter l'incendie
Que la fièvre allumait en s'augmentant toujours.
Arrivée à sa dernière heure
Elle dit au roi son époux :
« Trouvez bon qu'avant que je meure
J'exige une chose de vous ;
C'est que s'il vous prenait envie
De vous remarier quand je n'y serai plus...
— Ah ! dit le roi, ces soins sont superflus,
Je n'y songerai de ma vie,
Soyez en repos là-dessus.
— Je le crois bien, reprit la reine,
Si j'en prends à témoin votre amour véhément ;
Mais pour m'en rendre plus certaine,
Je veux avoir votre serment,
Adouci toutefois par ce tempérament
Que si vous rencontrez une femme plus belle,
Mieux faite et plus sage que moi,
Vous pourrez franchement lui donner votre foi
Et vous marier avec elle. »
Sa confiance en ses attraits
Lui faisait regarder une telle promesse
Comme un serment, surpris avec adresse,
De ne se marier jamais.
Le prince jura donc, les yeux baignés de larmes,

Tout ce que la reine voulut ;
La reine entre ses bras mourut,
Et jamais un mari ne fit tant de vacarmes.
À l'ouïr sangloter et les nuits et les jours,
On jugea que son deuil ne lui durerait guère,
Et qu'il pleurait ses défuntes amours
Comme un homme pressé qui veut sortir d'affaire.
On ne se trompa point.
Au bout de quelques mois
Il voulut procéder à faire un nouveau choix ;
Mais ce n'était pas chose aisée,
Il fallait garder son serment
Et que la nouvelle épousée
Eût plus d'attraits et d'agrément
Que celle qu'on venait de mettre au monument.
Ni la cour en beautés fertile,
Ni la campagne, ni la ville,
Ni les royaumes d'alentour
Dont on alla faire le tour,
N'en purent fournir une telle ;
L'infante seule était plus belle
Et possédait certains tendres appas
Que la défunte n'avait pas.
Le roi le remarqua lui-même
Et brûlant d'un amour extrême,
Alla follement s'aviser
Que par cette raison il devait l'épouser.
Il trouva même un casuiste[1]
Qui jugea que le cas se pouvait proposer.
Mais la jeune princesse triste
D'ouïr parler d'un tel amour,
Se lamentait et pleurait nuit et jour.
De mille chagrins l'âme pleine,
Elle alla trouver sa marraine,
Loin, dans une grotte à l'écart
De nacre et de corail richement étoffée.
C'était une admirable fée
Qui n'eut jamais de pareille en son art.
Il n'est pas besoin qu'on vous dise
Ce qu'était une fée en ces bienheureux temps ;
Car je suis sûr que votre mie
Vous l'aura dit dès vos plus jeunes ans.
« Je sais, dit-elle, en voyant la princesse,

[1] *casuiste : spécialiste qui s'attache à résoudre les cas de conscience dans le cadre de la religion.*

Ce qui vous fait venir ici,
Je sais de votre cœur la profonde tristesse ;
Mais avec moi n'ayez plus de souci.
Il n'est rien qui vous puisse nuire
Pourvu qu'à mes conseils vous vous laissiez conduire.
Votre père, il est vrai, voudrait vous épouser ;
Écouter sa folle demande
Serait une faute bien grande,
Mais sans le contredire on le peut refuser.
Dites-lui qu'il faut qu'il vous donne
Pour rendre vos désirs contents,
Avant qu'à son amour votre cœur s'abandonne,
Une robe qui soit de la couleur du temps.
Malgré tout son pouvoir et toute sa richesse,
Quoique le Ciel en tout favorise ses vœux,
Il ne pourra jamais accomplir sa promesse. »
Aussitôt la jeune princesse
L'alla dire en tremblant à son père amoureux
Qui dans le moment fit entendre
Aux tailleurs les plus importants
Que s'ils ne lui faisaient, sans trop le faire attendre,
Une robe qui fût de la couleur du temps,
Ils pouvaient s'assurer qu'il les ferait tous pendre.

Le second jour ne luisait pas encor
Qu'on apporta la robe désirée ;
Le plus beau bleu de l'empyrée[1]
N'est pas, lorsqu'il est ceint de gros nuages d'or,
D'une couleur plus azurée.
De joie et de douleur l'infante pénétrée
Ne sait que dire ni comment
Se dérober à son engagement.
« Princesse, demandez-en une,
Lui dit sa marraine tout bas,
Qui plus brillante et moins commune,
Soit de la couleur de la lune.
Il ne vous la donnera pas. »
À peine la princesse en eut fait la demande
Que le roi dit à son brodeur :
« Que l'astre de la nuit n'ait pas plus de splendeur
Et que dans quatre jours sans faute on me la rende. »
Le riche habillement fut fait au jour marqué,
Tel que le roi s'en était expliqué.
Dans les cieux où la nuit a déployé ses voiles,
La lune est moins pompeuse en sa robe d'argent
Lors même qu'au milieu de son cours diligent
Sa plus vive clarté fait pâlir les étoiles.

[1] *empyrée : ciel.*

La princesse admirant ce merveilleux habit,
Était à consentir presque délibérée ;
Mais par sa marraine inspirée,
Au prince amoureux elle dit :
« Je ne saurais être contente
Que je n'aie une robe encore plus brillante
Et de la couleur du soleil. »
Le prince qui l'aimait d'un amour sans pareil,
Fit venir aussitôt un riche lapidaire[1]
Et lui commanda de la faire
D'un superbe tissu d'or et de diamants,
Disant que s'il manquait à le bien satisfaire,
Il le ferait mourir au milieu des tourments.
Le prince fut exempt de s'en donner la peine,
Car l'ouvrier industrieux,
Avant la fin de la semaine,
Fit apporter l'ouvrage précieux,
Si beau, si vif, si radieux,
Que le blond amant de Clymène[2],
Lorsque sur la voûte des cieux
Dans son char d'or il se promène,
D'un plus brillant éclat n'éblouit pas les yeux.
L'infante que ces dons achèvent de confondre,
À son père, à son roi ne sait plus que répondre.
Sa marraine aussitôt la prenant par la main :
« Il ne faut pas, lui dit-elle à l'oreille,
Demeurer en si beau chemin ;
Est-ce une si grande merveille
Que tous ces dons que vous en recevez,
Tant qu'il aura l'âne que vous savez,
Qui d'écus d'or sans cesse emplit sa bourse ?
Demandez-lui la peau de ce rare animal.
Comme il est toute sa ressource,
Vous ne l'obtiendrez pas, ou je raisonne mal. »
Cette fée était bien savante,
Et cependant elle ignorait encor
Que l'amour violent pourvu qu'on le contente,
Compte pour rien l'argent et l'or ;
La peau fut galamment aussitôt accordée
Que l'infante l'eut demandée.
Cette peau quand on l'apporta
Terriblement l'épouvanta
Et la fit de son sort amèrement se plaindre.

[1] *lapidaire : artisan qui travaille les pierres précieuses.* - [2] *Clymène : épouse d'Hélios, dieu du soleil.*

Sa marraine survint et lui représenta
Que quand on fait le bien on ne doit jamais craindre ;
Qu'il faut laisser penser au roi
Qu'elle est tout à fait disposée
À subir avec lui la conjugale loi,
Mais qu'au même moment, seule et bien déguisée,
Il faut qu'elle s'en aille en quelque État lointain
Pour éviter un mal si proche et si certain.
« Voici, poursuivit-elle, une grande cassette
Où nous mettrons tous vos habits,
Votre miroir, votre toilette,
Vos diamants et vos rubis.
Je vous donne encor ma baguette ;
En la tenant en votre main,
La cassette suivra votre même chemin
Toujours sous la terre cachée ;
Et lorsque vous voudrez l'ouvrir,
À peine mon bâton la terre aura touchée
Qu'aussitôt à vos yeux elle viendra s'offrir.
Pour vous rendre méconnaissable,
La dépouille de l'âne est un masque admirable.
Cachez-vous bien dans cette peau,
On ne croira jamais, tant elle est effroyable,
Qu'elle renferme rien de beau.
La princesse ainsi travestie
De chez la sage fée à peine fut sortie,
Pendant la fraîcheur du matin,
Que le prince qui pour la fête
De son heureux hymen[1] s'apprête,
Apprend tout effrayé son funeste destin.
Il n'est point de maison, de chemin, d'avenue,
Qu'on ne parcoure promptement ;
Mais on s'agite vainement,
On ne peut deviner ce qu'elle est devenue.
Partout se répandit un triste et noir chagrin ;
Plus de noces, plus de festin,
Plus de tarte, plus de dragées ;
Les dames de la cour, toutes découragées,
N'en dînèrent point la plupart ;
Mais du curé surtout la tristesse fut grande,
Car il en déjeuna fort tard,
Et qui pis est n'eut point d'offrande.
L'infante cependant poursuivait son chemin,

[1] *hymen : mariage.*

Le visage couvert d'une vilaine crasse ;
À tous passants elle tendait la main,
Et tâchait pour servir de trouver une place.
Mais les moins délicats et les plus malheureux
La voyant si maussade et si pleine d'ordure,
Ne voulaient écouter ni retirer chez eux
Une si sale créature.
Elle alla donc bien loin, bien loin, encor plus loin ;
Enfin elle arriva dans une métairie
Où la fermière avait besoin
D'une souillon, dont l'industrie
Allât jusqu'à savoir bien laver des torchons
Et nettoyer l'auge aux cochons.
On la mit dans un coin au fond de la cuisine
Où les valets, insolente vermine,
Ne faisaient que la tirailler,
La contredire et la railler ;
Ils ne savaient quelle pièce lui faire,
La harcelant à tout propos ;
Elle était la butte ordinaire
De tous leurs quolibets et de tous leurs bons mots.
Elle avait le dimanche un peu plus de repos ;
Car, ayant du matin fait sa petite affaire,
Elle entrait dans sa chambre et tenant son huis clos,
Elle se décrassait, puis ouvrait sa cassette,
Mettait proprement sa toilette,
Rangeait dessus ses petits pots.
Devant son grand miroir, contente et satisfaite,
De la lune tantôt la robe elle mettait,
Tantôt celle où le feu du soleil éclatait,
Tantôt la belle robe bleue
Que tout l'azur des cieux ne saurait égaler,
Avec ce chagrin seul que leur traînante queue
Sur le plancher trop court ne pouvait s'étaler.
Elle aimait à se voir jeune, vermeille et blanche
Et plus brave cent fois que nulle autre n'était ;
Ce doux plaisir la sustentait
Et la menait jusqu'à l'autre dimanche.
J'oubliais à dire en passant
Qu'en cette grande métairie
D'un roi magnifique et puissant
Se faisait la ménagerie,
Que là, poules de Barbarie,

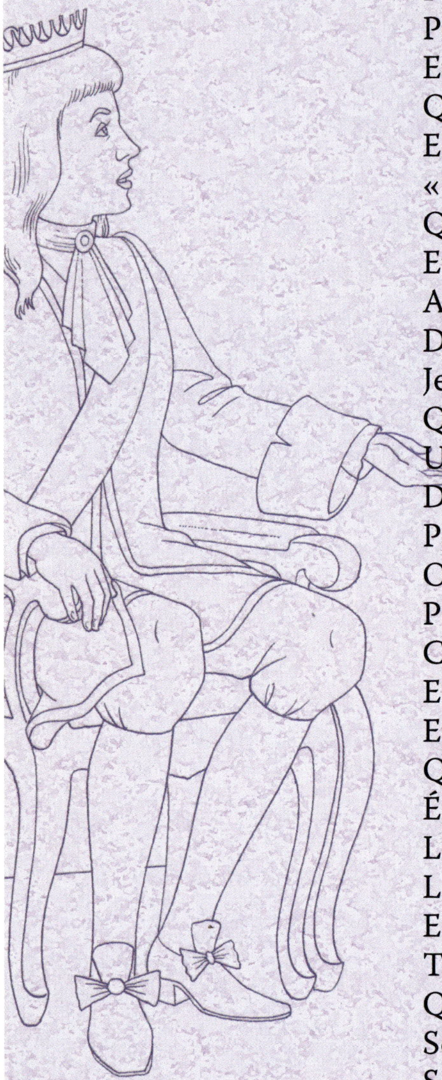

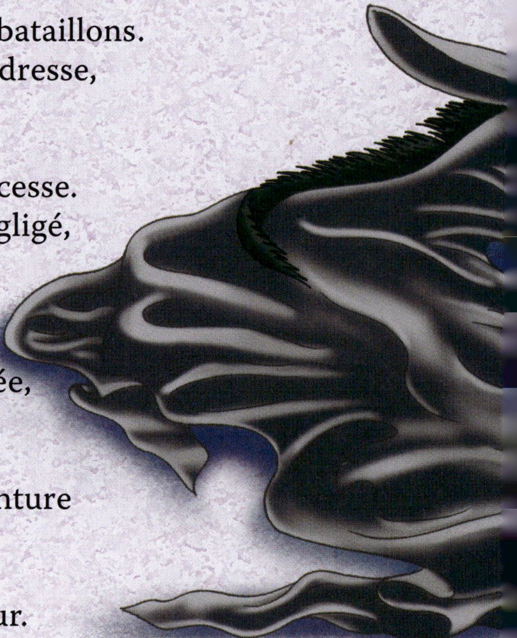

Râles[1], pintades, cormorans,
Oisons musqués, canes petières[2],
Et mille autres oiseaux de bizarres manières,
Entre eux presque tous différents,
Remplissaient à l'envi dix cours toutes entières.
Le fils du roi dans ce charmant séjour
Venait souvent au retour de la chasse
Se reposer, boire à la glace
Avec les seigneurs de sa cour.
Tel ne fut point le beau Céphale[3] :
Son air était royal, sa mine martiale,
Propre à faire trembler les plus fiers bataillons.
Peau d'âne de fort loin le vit avec tendresse,
Et reconnut par cette hardiesse
Que sous sa crasse et ses haillons
Elle gardait encor le cœur d'une princesse.
« Qu'il a l'air grand, quoiqu'il l'ait négligé,
Qu'il est aimable, disait-elle,
Et que bienheureuse est la belle
A qui son cœur est engagé !
D'une robe de rien s'il m'avait honorée,
Je m'en trouverais plus parée
Que de toutes celles que j'ai. »
Un jour le jeune prince errant à l'aventure
De basse-cour en basse-cour,
Passa dans une allée obscure
Où de Peau d'âne était l'humble séjour.
Par hasard il mit l'œil au trou de la serrure.
Comme il était fête ce jour,
Elle avait pris une riche parure
Et ses superbes vêtements
Qui, tissus de fin or et de gros diamants,
Égalaient du soleil la clarté la plus pure.
Le prince au gré de son désir
La contemple et ne peut qu'à peine,
En la voyant, reprendre haleine,
Tant il est comblé de plaisir.
Quels que soient les habits, la beauté du visage,
Son beau tour, sa vive blancheur,
Ses traits fins, sa jeune fraîcheur
Le touchent cent fois davantage ;
Mais un certain air de grandeur,
Plus encore une sage et modeste pudeur,

[1] râles et [2] canes petières : oiseaux échassiers. - [3] Céphale : fils d'Hermès et d'Hersé.

Des beautés de son âme assuré témoignage,
S'emparèrent de tout son cœur.
Trois fois, dans la chaleur du feu qui le transporte,
Il voulut enfoncer la porte ;
Mais croyant voir une divinité,
Trois fois par le respect son bras fut arrêté.
Dans le palais, pensif il se retire,
Et là, nuit et jour il soupire ;
Il ne veut plus aller au bal
Quoiqu'on soit dans le carnaval.
Il hait la chasse, il hait la comédie,
Il n'a plus d'appétit, tout lui fait mal au cœur,
Et le fond de sa maladie
Est une triste et mortelle langueur.
Il s'enquit quelle était cette nymphe admirable
Qui demeurait dans une basse-cour,
Au fond d'une allée effroyable,
Où l'on ne voit goutte en plein jour.
« C'est, lui dit-on, Peau d'âne, en rien nymphe ni belle
Et que Peau d'âne l'on appelle,
A cause de la peau qu'elle met sur son cou ;
De l'amour c'est le vrai remède,
La bête en un mot la plus laide,
Qu'on puisse voir après le loup. »
On a beau dire, il ne saurait le croire ;
Les traits que l'amour a tracés
Toujours présents à sa mémoire
N'en seront jamais effacés.
Cependant la reine sa mère
Qui n'a que lui d'enfant pleure et se désespère ;
De déclarer son mal elle le presse en vain,
Il gémit, il pleure, il soupire,
Il ne dit rien, si ce n'est qu'il désire
Que Peau d'âne lui fasse un gâteau de sa main ;
Et la mère ne sait ce que son fils veut dire.
« Ô ciel ! madame, lui dit-on,
Cette Peau d'âne est une noire taupe
Plus vilaine encore et plus gaupe[1]
Que le plus sale marmiton.
— N'importe, dit la reine, il le faut satisfaire
Et c'est à cela seul que nous devons songer. »
Il aurait eu de l'or, tant l'aimait cette mère,
S'il en avait voulu manger.

[1] *gaupe : souillon.*

Peau d'âne donc prend sa farine
Qu'elle avait fait bluter[1] exprès
Pour rendre sa pâte plus fine,
Son sel, son beurre et ses œufs frais ;
Et pour bien faire sa galette,
S'enferme seule en sa chambrette.
D'abord elle se décrassa
Les mains, les bras et le visage,
Et prit un corps d'argent que vite elle laça
Pour dignement faire l'ouvrage
Qu'aussitôt elle commença.
On dit qu'en travaillant un peu trop à la hâte,
De son doigt par hasard il tomba dans la pâte
Un de ses anneaux de grand prix ;
Mais ceux qu'on tient savoir la fin de cette histoire
Assurent que par elle exprès il y fut mis ;
Et pour moi franchement je l'oserais bien croire,
Fort sûr que, quand le prince à sa porte aborda
Et par le trou la regarda,
Elle s'en était aperçue :
Sur ce point la femme est si drue[2]
Et son œil va si promptement
Qu'on ne peut la voir un moment
Qu'elle ne sache qu'on l'a vue.
Je suis bien sûr encor, et j'en ferais serment,
Qu'elle ne douta point que de son jeune amant
La bague ne fût bien reçue.
On ne pétrit jamais un si friand morceau,
Et le prince trouva la galette si bonne
Qu'il ne s'en fallut rien que d'une faim gloutonne
Il n'avalât aussi l'anneau.
Quand il en vit l'émeraude admirable,
Et du jonc d'or le cercle étroit,
Qui marquait la forme du doigt,
Son cœur en fut touché d'une joie incroyable ;
Sous son chevet il le mit à l'instant,
Et son mal toujours augmentant,
Les médecins sages d'expérience,
En le voyant maigrir de jour en jour,
Jugèrent tous, par leur grande science,
Qu'il était malade d'amour.
Comme l'hymen, quelque mal qu'on en dise,
Est un remède exquis pour cette maladie,

[1] fait bluter : tamiser. - [2] drue : décidée.

On conclut à le marier ;
Il s'en fit quelque temps prier,
Puis dit : « Je le veux bien, pourvu que l'on me donne
En mariage la personne
Pour qui cet anneau sera bon. »
À cette bizarre demande,
De la reine et du roi la surprise fut grande ;
Mais il était si mal qu'on n'osa dire non.
Voilà donc qu'on se met en quête
De celle que l'anneau, sans nul égard du sang,
Doit placer dans un si haut rang ;
Il n'en est point qui ne s'apprête
À venir présenter son doigt
Ni qui veuille céder son droit.
Le bruit ayant couru que pour prétendre au prince,
Il faut avoir le doigt bien mince,
Tout charlatan, pour être bienvenu,
Dit qu'il a le secret de le rendre menu ;
L'une, en suivant son bizarre caprice,
Comme une rave le ratisse ;
L'autre en coupe un petit morceau ;
Une autre en le pressant croit qu'elle l'apetisse ;
Et l'autre, avec de certaine eau,
Pour le rendre moins gros en fait tomber la peau ;
Il n'est enfin point de manœuvre
Qu'une dame ne mette en œuvre,
Pour faire que son doigt cadre bien à l'anneau.
L'essai fut commencé par les jeunes princesses,
Les marquises et les duchesses ;
Mais leurs doigts quoique délicats,
Étaient trop gros et n'entraient pas.
Les comtesses, et les baronnes,
Et toutes les nobles personnes,
Comme elles tour à tour présentèrent leur main
Et la présentèrent en vain.
Ensuite vinrent les grisettes
Dont les jolis et menus doigts,
Car il en est de très bien faites,
Semblèrent à l'anneau s'ajuster quelquefois.
Mais la bague toujours trop petite ou trop ronde
D'un dédain presque égal rebutait tout le monde.
Il fallut en venir enfin
Aux servantes, aux cuisinières,

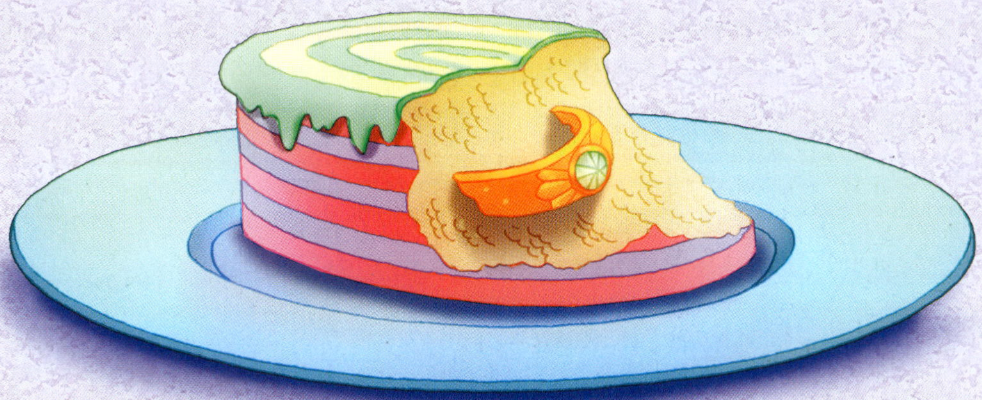

Aux tortillons[1], aux dindonnières,
En un mot à tout le fretin,
Dont les rouges et noires pattes,
Non moins que les mains délicates,
Espéraient un heureux destin.
Il s'y présenta mainte fille
Dont le doigt, gros et ramassé,
Dans la bague du prince eût aussi peu passé
Qu'un câble au travers d'une aiguille.
On crut enfin que c'était fait,
Car il ne restait en effet,
Que la pauvre Peau d'âne au fond de la cuisine.
Mais comment croire, disait-on,
Qu'à régner le Ciel la destine !
Le prince dit : « Et pourquoi non ?
Qu'on la fasse venir. » Chacun se prit à rire,
Criant tout haut : « Que veut-on dire,
De faire entrer ici cette sale guenon ? »
Mais lorsqu'elle tira de dessous sa peau noire
Une petite main qui semblait de l'ivoire
Qu'un peu de pourpre a coloré,
Et que de la bague fatale,
D'une justesse sans égale
Son petit doigt fut entouré,
La cour fut dans une surprise
Qui ne peut pas être comprise.
On la menait au roi dans ce transport subit ;

[1] *tortillons : servantes.*

Mais elle demanda qu'avant que de paraître
Devant son seigneur et son maître,
On lui donnât le temps de prendre un autre habit.
De cet habit, pour la vérité dire,
De tous côtés on s'apprêtait à rire ;
Mais lorsqu'elle arriva dans les appartements,
Et qu'elle eut traversé les salles
Avec ses pompeux vêtements
Dont les riches beautés n'eurent jamais d'égales ;
Que ses aimables cheveux blonds
mêlés de diamants dont la vive lumière
En faisait autant de rayons,
Que ses yeux bleus, grands, doux et longs,
Qui pleins d'une majesté fière
Ne regardent jamais sans plaire et sans blesser,
Et que sa taille enfin si menue et si fine
Qu'avec que ses deux mains on eût pu l'embrasser,
Montrèrent leurs appas et leur grâce divine,
Des dames de la cour, et de leurs ornements
Tombèrent tous les agréments.
Dans la joie et le bruit de toute l'assemblée,
Le bon roi ne se sentait pas
De voir sa bru posséder tant d'appas ;
La reine en était affolée,
Et le prince son cher amant,
De cent plaisirs l'âme comblée,
Succombait sous le poids de son ravissement.
Pour l'hymen aussitôt chacun prit ses mesures ;
Le monarque en pria tous les rois d'alentour,
Qui, tous brillants de diverses parures,
Quittèrent leurs États pour être à ce grand jour.
On en vit arriver des climats de l'aurore,
Montés sur de grands éléphants ;
Il en vint du rivage more,
Qui, plus noirs et plus laids encore,
Faisaient peur aux petits enfants ;
Enfin de tous les coins du monde,
Il en débarque et la cour en abonde.
Mais nul prince, nul potentat,
N'y parut avec tant d'éclat
Que le père de l'épousée,
Qui d'elle autrefois amoureux
Avait avec le temps purifié les feux

Dont son âme était embrasée.
Il en avait banni tout désir criminel
Et de cette odieuse flamme
Le peu qui restait dans son âme
N'en rendait que plus vif son amour paternel.
Dès qu'il la vit : « Que béni soit le Ciel
Qui veut bien que je te revoie,
Ma chère enfant », dit-il, et tout pleurant de joie,
Courut tendrement l'embrasser ;
Chacun à son bonheur voulut s'intéresser,
Et le futur époux était ravi d'apprendre
Que d'un roi si puissant il devenait le gendre.
Dans ce moment la marraine arriva
Qui raconta toute l'histoire,
Et par son récit acheva
De combler Peau d'âne de gloire.
Il n'est pas malaisé de voir
Que le but de ce conte est qu'un enfant apprenne
Qu'il vaut mieux s'exposer à la plus rude peine
Que de manquer à son devoir ;
Que la vertu peut être infortunée
Mais qu'elle est toujours couronnée ;
Que contre un fol amour et ses fougueux transports
La raison la plus forte est une faible digue,
Et qu'il n'est point de si riches trésors
Dont un amant ne soit prodigue ;
Que de l'eau claire et du pain bis
Suffisent pour la nourriture
De toute jeune créature,
Pourvu qu'elle ait de beaux habits ;
Que sous le ciel il n'est point de femelle
Qui ne s'imagine être belle,
Et qui souvent ne s'imagine encor
Que si des trois beautés la fameuse querelle
S'était démêlée avec elle,
Elle aurait eu la pomme d'or.
Le conte de Peau d'âne est difficile à croire,
Mais tant que dans le monde on aura des enfants,
Des mères et des mères-grand,
On en gardera la mémoire.

Riquet à la houppe

Il était une fois une reine qui accoucha d'un fils, si laid et si mal fait, qu'on douta longtemps s'il avait forme humaine. Une fée qui se trouva à sa naissance assura qu'il ne laisserait pas d'être aimable, parce qu'il aurait beaucoup d'esprit ; elle ajouta même qu'il pourrait, en vertu du don qu'elle venait de lui faire, donner autant d'esprit qu'il en aurait à la personne qu'il aimerait le mieux. Tout cela consola un peu la pauvre reine, qui était bien affligée d'avoir mis au monde un si vilain marmot. Il est vrai que cet enfant ne commença pas plus tôt à parler qu'il dit mille jolies choses, et qu'il avait dans toutes ses actions je ne sais quoi de si spirituel, qu'on en était charmé. J'oubliais de dire qu'il vint au monde avec une petite houppe de cheveux sur la tête, ce qui fit qu'on le nomma Riquet à la houppe, car Riquet était le nom de la famille.

Au bout de sept ou huit ans la reine d'un royaume voisin accoucha de deux filles. La première qui vint au monde était plus belle que le jour : la reine en fut si aise, qu'on appréhenda que la trop grande joie qu'elle en avait ne lui fît mal. La même fée qui avait assisté à la naissance du petit Riquet à la houppe était présente, et pour modérer la joie de la reine, elle lui déclara que cette petite princesse n'aurait point d'esprit, et qu'elle serait aussi stupide qu'elle était belle. Cela mortifia beaucoup la reine ; mais elle eut quelques moments après un bien plus grand chagrin, car la seconde fille dont elle accoucha se trouva extrêmement laide.

« Ne vous affligez point tant, madame, lui dit la fée ; votre fille sera récompensée d'ailleurs, et elle aura tant d'esprit, qu'on ne s'apercevra presque pas qu'il lui manque de la beauté.

— Dieu le veuille, répondit la reine ; mais n'y aurait-il point moyen de faire avoir un peu d'esprit à l'aînée qui est si belle ?

— Je ne puis rien pour elle,

madame, du côté de l'esprit, lui dit la fée, mais je puis tout du côté de la beauté ; et comme il n'y a rien que je ne veuille faire pour votre satisfaction, je vais lui donner pour don de pouvoir rendre beau ou belle la personne qui lui plaira. »

À mesure que ces deux princesses devinrent grandes, leurs perfections crûrent aussi avec elles, et on ne parlait partout que de la beauté de l'aînée, et de l'esprit de la cadette. Il est vrai aussi que leurs défauts augmentèrent beaucoup avec l'âge. La cadette enlaidissait à vue d'œil, et l'aînée devenait plus stupide de jour en jour. Ou elle ne répondait rien à ce qu'on lui demandait, ou elle disait une sottise. Elle était avec cela si maladroite qu'elle n'eût pu ranger quatre porcelaines sur le bord d'une cheminée sans en casser une, ni boire un verre d'eau sans en répandre la moitié sur ses habits. Quoique la beauté soit un grand avantage dans une jeune personne, cependant la cadette l'emportait presque toujours sur son aînée dans toutes les compagnies. D'abord on allait du côté de la plus belle pour la voir et pour l'admirer, mais bientôt après, on allait à celle qui avait le plus d'esprit, pour lui entendre dire mille choses agréables ; et on était étonné qu'en

moins d'un quart d'heure l'aînée n'avait plus personne auprès d'elle, et que tout le monde s'était rangé autour de la cadette. L'aînée, quoique fort stupide, le remarqua bien, et elle eût donné sans regret toute sa beauté pour avoir la moitié de l'esprit de sa sœur. La reine, toute sage qu'elle était, ne put s'empêcher de lui reprocher plusieurs fois sa bêtise, ce qui pensa faire mourir de douleur cette pauvre princesse.

Un jour qu'elle s'était retirée dans un bois pour y plaindre son malheur, elle vit venir à elle un petit homme fort laid et fort désagréable, mais vêtu très magnifiquement. C'était le jeune prince Riquet à la houppe, qui étant devenu amoureux d'elle sur ses portraits qui couraient par tout le monde, avait quitté le royaume de son père pour avoir le plaisir de la voir et de lui parler. Ravi de la rencontrer ainsi toute seule, il l'aborde avec tout le respect et toute la politesse imaginable. Ayant remarqué, après lui avoir fait les compliments ordinaires, qu'elle était fort mélancolique, il lui dit :

« Je ne comprends point, madame, comment une personne aussi belle que vous l'êtes peut être aussi triste que vous le paraissez ; car, quoique je puisse me vanter d'avoir vu une infinité de belles personnes, je puis dire que je n'en ai jamais vu dont la beauté approche de la vôtre.

— Cela vous plaît à dire, monsieur », lui répondit la princesse, et en demeure là.

« La beauté, reprit Riquet à la houppe, est un si grand avantage qu'il doit tenir lieu de tout le reste ; et quand on le possède, je ne vois pas qu'il y ait rien qui puisse nous affliger beaucoup.

— J'aimerais mieux, dit la princesse, être aussi laide que vous et avoir de l'esprit, que d'avoir de la beauté comme j'en ai, et être bête autant que je le suis.

— Il n'y a rien, madame, qui marque davantage qu'on a de l'esprit, que de croire n'en pas avoir, et il est de la nature de ce bien-là, que plus on en a, plus on croit en manquer.

— Je ne sais pas cela, dit la princesse, mais je sais bien que je suis fort bête, et c'est de là que vient le chagrin qui me tue.

— Si ce n'est que cela, madame, qui vous afflige, je puis aisément mettre fin à votre douleur.

— Et comment ferez-vous ? dit la princesse.

— J'ai le pouvoir, madame, dit Riquet à la houppe, de donner de l'esprit autant qu'on en saurait avoir à la personne que je dois aimer le plus, et comme vous êtes, madame, cette personne, il ne tiendra qu'à vous que vous n'ayez autant d'esprit qu'on en peut avoir, pourvu que vous vouliez bien m'épouser. » La princesse demeura tout interdite, et ne répondit rien.

« Je vois, reprit Riquet à la houppe, que cette proposition vous fait de la peine, et je ne m'en étonne pas ; mais je vous donne un an tout entier pour vous y résoudre. »

La princesse avait si peu d'esprit, et en même temps une si grande envie d'en avoir, qu'elle s'imagina que la fin de cette année ne viendrait jamais ; de sorte qu'elle accepta la proposition qui lui était faite. Elle n'eut pas plus tôt promis à Riquet à la houppe qu'elle l'épouserait dans un an à pareil jour, qu'elle se sentit tout autre qu'elle n'était auparavant ; elle se trouva une facilité incroyable à dire tout ce qui lui plaisait, et à le dire d'une manière fine, aisée et naturelle. Elle commença dès ce moment une conversation galante et soutenue avec Riquet à la houppe, où elle brilla d'une telle force que Riquet à la houppe crut lui avoir donné plus d'esprit qu'il ne s'en était réservé pour lui-même. Quand elle fut retournée au palais, toute la cour ne savait que penser d'un changement si subit et si extraordinaire, car autant qu'on lui avait ouï dire d'impertinences auparavant, autant lui entendait-on dire des choses bien sensées et infiniment spirituelles. Toute la cour en eut une joie qui ne se peut imaginer ; il n'y eut que sa cadette qui n'en fut pas bien aise, parce que n'ayant plus sur son aînée l'avantage de l'esprit, elle ne paraissait plus auprès d'elle qu'une guenon fort désagréable. Le roi se conduisait par ses avis, et allait même quelquefois tenir le conseil dans son appartement. Le bruit de ce changement s'étant répandu, tous les jeunes princes des royaumes voisins firent leurs efforts pour s'en faire aimer, et presque tous la demandèrent en mariage ; mais elle n'en trouvait point qui eût assez d'esprit, et elle les écoutait tous sans s'engager à pas un d'eux. Cependant il en vint un si puissant, si riche, si spirituel et si bien fait, qu'elle ne put s'empêcher d'avoir de la bonne volonté pour lui. Son père s'en étant aperçu lui dit qu'il la faisait la maîtresse sur le choix d'un époux, et qu'elle n'avait qu'à se déclarer. Comme plus on a d'esprit et plus on a de peine à prendre une ferme résolution sur cette affaire, elle demanda, après avoir remercié son père, qu'il lui donnât du temps pour y penser. Elle alla par hasard se promener dans le même bois où elle avait

trouvé Riquet à la houppe, pour rêver plus commodément à ce qu'elle avait à faire. Dans le temps qu'elle se promenait, rêvant profondément, elle entendit un bruit sourd sous ses pieds, comme de plusieurs personnes qui vont et viennent et qui agissent. Ayant prêté l'oreille plus attentivement, elle ouït que l'un disait :

« Apporte-moi cette marmite » ; l'autre : « Donne-moi cette chaudière » ; l'autre : « Mets du bois dans ce feu. »

La terre s'ouvrit dans le même temps, et elle vit sous ses pieds comme une grande cuisine pleine de cuisiniers, de marmitons et de toutes sortes d'officiers nécessaires pour faire un festin magnifique. Il en sortit une bande de vingt ou trente rôtisseurs, qui allèrent se camper dans une allée du bois autour d'une table fort longue, et qui tous, la lardoire à la main, et la queue de renard sur l'oreille, se mirent à travailler en cadence au son d'une chanson harmonieuse. La princesse, étonnée de ce spectacle, leur demanda pour qui ils travaillaient.

« C'est, madame, lui répondit le plus apparent de la bande, pour le prince Riquet à la houppe, dont les noces se feront demain. »

La princesse encore plus surprise qu'elle ne l'avait été, et se ressouvenant tout à coup qu'il y avait un an qu'à pareil jour elle avait promis d'épouser le prince Riquet à la houppe, elle pensa tomber de son haut. Ce qui faisait qu'elle ne s'en souvenait pas, c'est que, quand elle fit cette promesse, elle était une bête, et qu'en prenant le nouvel esprit que le prince lui avait donné, elle avait oublié toutes ses sottises. Elle n'eut pas fait trente pas en continuant sa promenade, que Riquet à la houppe se présenta à elle, brave, magnifique, et comme un prince qui va se marier.

« Vous me voyez, dit-il, madame, exact à tenir ma parole, et je ne doute point que vous ne veniez ici pour exécuter la vôtre, et me rendre, en me donnant la main, le plus heureux de tous les hommes.

— Je vous avouerai franchement, répondit la princesse, que je n'ai pas encore pris ma résolution là-dessus, et que je ne crois pas pouvoir jamais la prendre telle que vous la souhaitez.

— Vous m'étonnez, madame, lui dit Riquet à la houppe.

— Je le crois, dit la princesse, et assurément si j'avais affaire à un brutal, à un homme sans esprit, je me trouverais bien embarrassée. Une princesse n'a que sa parole, me dirait-il, et il faut que vous m'épousiez, puisque vous me l'avez promis ; mais comme celui à qui je parle est l'homme du monde qui a le plus d'esprit, je suis sûre qu'il entendra raison. Vous savez que, quand je n'étais qu'une bête, je ne pouvais néanmoins me résoudre à vous épouser ; comment voulez-vous qu'ayant l'esprit que vous m'avez donné, qui

me rend encore plus difficile en gens que je n'étais, je prenne aujourd'hui une résolution que je n'ai pu prendre dans ce temps-là ? Si vous pensiez tout de bon à m'épouser, vous avez eu grand tort de m'ôter ma bêtise, et de me faire voir plus clair que je ne voyais.

— Si un homme sans esprit, répondit Riquet à la houppe, serait bien reçu, comme vous venez de le dire, à vous reprocher votre manque de parole, pourquoi voulez-vous, madame, que je n'en use pas de même, dans une chose où il y va de tout le bonheur de ma vie ? Est-il raisonnable que les personnes qui ont de l'esprit soient d'une pire condition que celles qui n'en ont pas ? Le pouvez-vous prétendre, vous qui en avez tant, et qui avez tant souhaité d'en avoir ? Mais venons au fait, s'il vous plaît. À la réserve de ma laideur, y a-t-il quelque chose en moi qui vous déplaise ? Êtes-vous mal contente de ma naissance, de mon esprit, de mon humeur, et de mes manières ?

— Nullement, répondit la princesse, j'aime en vous tout ce que vous venez de me dire.

— Si cela est ainsi, reprit Riquet à la houppe, je vais être heureux, puisque vous pouvez me rendre le plus aimable de tous les hommes.

— Comment cela se peut-il faire ? lui dit la princesse.

— Cela se fera, répondit Riquet à la houppe, si vous m'aimez assez pour souhaiter que cela soit ; et afin, madame, que vous n'en doutiez pas, sachez que la même fée qui au jour de ma naissance me fit le don de pouvoir rendre spirituelle la personne qu'il me plairait, vous a aussi fait le don de pouvoir rendre beau celui que vous aimerez, et à qui vous voudrez bien faire cette faveur.

— Si la chose est ainsi, dit la princesse, je souhaite de tout mon cœur que vous deveniez le prince du monde le plus beau et le plus aimable ; et je vous en fais le don autant qu'il est en moi. »

La princesse n'eut pas plus tôt prononcé ces paroles, que Riquet à la houppe parut à ses yeux l'homme du monde le plus beau, le mieux fait et le plus aimable qu'elle eût jamais vu. Quelques-uns assurent que ce ne furent point les charmes de la fée qui opérèrent, mais que l'amour seul fit cette métamorphose. Ils disent que la princesse ayant fait réflexion sur la persévérance de son amant, sur sa discrétion, et sur toutes les bonnes qualités de son âme et de son esprit, ne vit plus la difformité de son corps, ni la laideur de son visage, que sa bosse ne lui sembla plus que le bon air d'un homme qui fait le gros dos, et qu'au lieu que jusqu'alors elle l'avait vu boiter effroyablement, elle ne lui trouva plus qu'un certain air penché qui la charmait ; ils disent encore que ses yeux, qui étaient louches, ne lui en parurent que plus brillants, que leur dérèglement passa dans son esprit pour la marque d'un violent excès d'amour, et qu'enfin son gros nez rouge eut pour elle quelque chose de martial et d'héroïque. Quoi qu'il en soit, la princesse lui promit sur-le-champ de l'épouser, pourvu qu'il en obtînt le consentement du roi son père. Le roi ayant su que sa fille avait beaucoup d'estime pour Riquet à la houppe, qu'il connaissait d'ailleurs pour un prince très spirituel et très sage, le reçut avec plaisir pour son gendre. Dès le lendemain les noces furent faites, ainsi que Riquet à la houppe l'avait prévu, et selon les ordres qu'il en avait donnés longtemps auparavant.

Les Souhaits ridicules

Il était une fois un pauvre bûcheron
Qui las de sa pénible vie,
Avait, disait-il, grande envie
De s'aller reposer aux bords de l'Achéron[1] :
Représentant, dans sa douleur profonde,
Que depuis qu'il était au monde,
Le Ciel cruel n'avait jamais
Voulu remplir un seul de ses souhaits.
Un jour que, dans le bois, il se mit à se plaindre,
À lui, la foudre en main, Jupiter apparut.
On aurait peine à bien dépeindre
La peur que le bonhomme en eut.
« Je ne veux rien, dit-il, en se jetant par terre,
Point de souhaits, point de tonnerre,
Seigneur, demeurons but à but.
— Cesse d'avoir aucune crainte ;
Je viens, dit Jupiter, touché de ta complainte,
Te faire voir le tort que tu me fais.
Écoute donc. Je te promets,
Moi qui du monde entier suis le souverain maître,
D'exaucer pleinement les trois premiers souhaits
Que tu voudras former sur quoi que ce puisse être.
Vois ce qui peut te rendre heureux,
Vois ce qui peut te satisfaire ;
Et comme ton bonheur dépend tout de tes vœux,
Songes-y bien avant que de les faire. »
À ces mots Jupiter dans les cieux remonta,
Et le gai bûcheron, embrassant sa falourde[2],

[1] Achéron : fleuve des Enfers. - [2] falourde : fagot de grosses branches.

Pour retourner chez lui sur son dos la jeta.
Cette charge jamais ne lui parut moins lourde.
« Il ne faut pas, disait-il en trottant,
Dans tout ceci, rien faire à la légère ;
Il faut, le cas est important,
En prendre avis de notre ménagère.
Çà, dit-il, en entrant sous son toit de fougère,
Faisons, Fanchon, grand feu, grand chère,
Nous sommes riches à jamais,
Et nous n'avons qu'à faire des souhaits. »
Là-dessus tout au long le fait il lui raconte.
À ce récit, l'épouse vive et prompte
Forma dans son esprit mille vastes projets ;
Mais considérant l'importance

De s'y conduire avec prudence :
« Blaise, mon cher ami, dit-elle à son époux,
Ne gâtons rien par notre impatience ;
Examinons bien entre nous
Ce qu'il faut faire en pareille occurrence ;
Remettons à demain notre premier souhait
Et consultons notre chevet.
— Je l'entends bien ainsi, dit le bonhomme Blaise ;
Mais va tirer du vin derrière ces fagots. »
À son retour il but, et goûtant à son aise
Près d'un grand feu la douceur du repos,
Il dit, en s'appuyant sur le dos de sa chaise :
« Pendant que nous avons une si bonne braise,
Qu'une aune de boudin viendrait bien à propos ! »
À peine acheva-t-il de prononcer ces mots,
Que sa femme aperçut, grandement étonnée,
Un boudin fort long, qui partant
D'un des coins de la cheminée,
S'approchait d'elle en serpentant.
Elle fit un cri dans l'instant ;
Mais jugeant que cette aventure
Avait pour cause le souhait
Que par bêtise toute pure
Son homme imprudent avait fait,
Il n'est point de pouilles[1] et d'injures
Que de dépit et de courroux
Elle ne dît au pauvre époux.
« Quand on peut, disait-elle, obtenir un empire,
De l'or, des perles, des rubis,
Des diamants, de beaux habits,
Est-ce alors du boudin qu'il faut que l'on désire ?
— Eh bien, j'ai tort, dit-il, j'ai mal placé mon choix,
J'ai commis une faute énorme,
Je ferai mieux une autre fois.
— Bon, bon, dit-elle, attendez-moi sous l'orme,
Pour faire un tel souhait, il faut être bien bœuf ! »
L'époux plus d'une fois, emporté de colère,
Pensa faire tout bas le souhait d'être veuf,
Et peut-être, entre nous, ne pouvait-il mieux faire :
« Les hommes, disait-il, pour souffrir sont bien nés !
Peste soit du boudin et du boudin encore ;
Plût à Dieu, maudite pécore[2],

[1] *pouilles : reproches.* - [2] *pécore : femme sotte et prétentieuse.*

Qu'il te pendît au bout du nez ! »
La prière aussitôt du Ciel fut écoutée,
Et dès que le mari la parole lâcha,
Au nez de l'épouse irritée
L'aune[1] de boudin s'attacha.
Ce prodige imprévu grandement le fâcha.
Fanchon était jolie, elle avait bonne grâce,
Et pour dire sans fard la vérité du fait,
Cet ornement en cette place
Ne faisait pas un bon effet ;
Si ce n'est qu'en pendant sur le bas du visage,
Il l'empêchait de parler aisément,
Pour un époux merveilleux avantage,
Et si grand qu'il pensa dans cet heureux moment
Ne souhaiter rien davantage.
« Je pourrais bien, disait-il à part soi,
Après un malheur si funeste,
Avec le souhait qui me reste,
Tout d'un plein saut me faire roi.
Rien n'égale, il est vrai, la grandeur souveraine ;
Mais encore faut-il songer
Comment serait faite la reine,
Et dans quelle douleur ce serait la plonger
De l'aller placer sur un trône
Avec un nez plus long qu'une aune.
Il faut l'écouter sur cela,
Et qu'elle-même elle soit la maîtresse
De devenir une grande princesse
En conservant l'horrible nez qu'elle a,
Ou de demeurer bûcheronne
Avec un nez comme une autre personne,
Et tel qu'elle l'avait avant ce malheur-là. »
La chose bien examinée,
Quoiqu'elle sût d'un sceptre et la force et l'effet,
Et que, quand on est couronnée,
On a toujours le nez bien fait ;
Comme au désir de plaire il n'est rien qui ne cède,
Elle aima mieux garder son bavolet[2]
Que d'être reine et d'être laide.
Ainsi le bûcheron ne changea point d'état,
Ne devint point grand potentat,
D'écus ne remplit point sa bourse,

[1] aune : ancienne mesure de longueur. - [2] bavolet : coiffe de paysanne.

Trop heureux d'employer le souhait qui restait,
Faible bonheur, pauvre ressource,
À remettre sa femme en l'état qu'elle était.
Bien est donc vrai qu'aux hommes misérables,
Aveugles, imprudents, inquiets, variables,
Pas n'appartient de faire des souhaits,
Et que peu d'entre eux sont capables
De bien user des dons que le Ciel leur a faits.

Le Petit Poucet

IL ÉTAIT UNE FOIS un bûcheron et une bûcheronne qui avaient sept enfants tous garçons. L'aîné n'avait que dix ans, et le plus jeune n'en avait que sept. On s'étonnera que le bûcheron ait eu tant d'enfants en si peu de temps ; mais c'est que sa femme allait vite en besogne, et n'en faisait pas moins que deux à la fois. Ils étaient fort pauvres, et leurs sept enfants les incommodaient beaucoup, parce que aucun d'eux ne pouvait encore gagner sa vie. Ce qui les chagrinait encore, c'est que le plus jeune était fort délicat et ne disait mot : prenant pour bêtise ce qui était une marque de la bonté de son esprit. Il était fort petit, et quand il vint au monde, il n'était guère plus gros que le pouce, ce qui fit qu'on l'appela le Petit Poucet. Ce pauvre enfant était le souffre-douleur de la maison, et on lui donnait toujours le tort. Cependant il était le plus fin, et le plus avisé de tous ses frères, et s'il parlait peu, il écoutait beaucoup.

Il vint une année très fâcheuse, et la famine fut si grande, que ces pauvres gens résolurent de se défaire de leurs enfants. Un soir que ses enfants étaient couchés, et que le bûcheron était auprès du feu avec sa femme, il lui dit, le cœur serré de douleur :

« Tu vois bien que nous ne pouvons plus nourrir nos enfants ; je ne saurais les voir mourir de faim devant mes yeux, et je suis résolu de les mener perdre demain au bois, ce qui sera bien aisé, car tandis qu'ils s'amuseront à fagoter, nous n'avons qu'à nous enfuir sans qu'ils nous voient.

— Ah ! s'écria la bûcheronne, pourrais-tu bien toi-même mener perdre tes enfants ? »

Son mari avait beau lui représenter leur grande pauvreté, elle ne pouvait y consentir ; elle était pauvre, mais elle était leur mère. Cependant ayant considéré quelle douleur ce lui serait de les voir mourir de faim, elle y consentit, et alla se coucher en pleurant. Le Petit Poucet ouït tout ce qu'ils dirent, car ayant entendu de dedans son lit qu'ils parlaient d'affaires, il s'était levé doucement, et s'était glissé sous l'escabelle[1] de son père pour les écouter sans être vu. Il alla se recoucher et ne dormit point le reste de la nuit, songeant à ce qu'il avait à faire. Il se leva de bon matin, et alla au bord d'un ruisseau où il emplit ses poches de petits cailloux blancs, et ensuite revint à la maison. On partit, et le Petit Poucet ne découvrit rien de tout ce qu'il savait à ses frères. Ils allèrent dans une forêt fort épaisse, où à dix pas de distance on ne se voyait pas l'un l'autre. Le bûcheron se mit à couper du bois et ses enfants à ramasser les broutilles pour faire des fagots. Le père et la mère, les voyant occupés à travailler, s'éloignèrent d'eux insensiblement, et puis s'enfuirent tout à coup par un petit sentier détourné. Lorsque ces enfants se virent seuls, ils se mirent à crier et à pleurer de toute leur force. Le Petit Poucet les laissait crier, sachant bien par où il reviendrait à la maison ; car en marchant il avait laissé tomber le long du chemin les petits cailloux blancs qu'il avait dans ses poches. Il leur dit donc :

« Ne craignez point, mes frères ; mon père et ma mère nous ont laissés ici, mais je vous ramènerai bien au logis, suivez-moi seulement. »

Ils le suivirent, et il les mena jusqu'à leur maison par le même chemin qu'ils étaient venus dans la forêt. Ils n'osèrent d'abord entrer, mais ils se mirent tous contre la porte pour écouter ce que disaient leur père et leur mère.

Dans le moment que le bûcheron et la bûcheronne arrivèrent chez eux, le seigneur du village leur envoya dix écus qu'il leur devait il y avait longtemps, et dont ils n'espéraient plus rien. Cela leur redonna la vie, car les pauvres gens mouraient de faim. Le bûcheron envoya sur l'heure sa femme à la boucherie. Comme il y avait longtemps qu'elle n'avait mangé, elle acheta trois fois plus de viande qu'il n'en fallait pour le souper de deux personnes. Lorsqu'ils furent rassasiés, la bûcheronne dit :

« Hélas ! où sont maintenant nos pauvres enfants ? Ils feraient bonne chère de ce qui nous reste là. Mais aussi, Guillaume, c'est toi qui les as

[1] *escabelle : sorte de tabouret.*

voulu perdre ; j'avais bien dit que nous nous en repentirions. Que font-ils maintenant dans cette forêt ? Hélas ! mon Dieu, les loups les ont peut-être déjà mangés ! Tu es bien inhumain d'avoir perdu ainsi tes enfants. »

Le bûcheron s'impatienta à la fin, car elle redit plus de vingt fois qu'ils s'en repentiraient et qu'elle l'avait bien dit. Il la menaça de la battre si elle ne se taisait. Ce n'est pas que le bûcheron ne fût peut-être encore plus fâché que sa femme, mais c'est qu'elle lui rompait la tête, et qu'il était de l'humeur de beaucoup d'autres gens, qui aiment fort les femmes qui disent bien, mais qui trouvent très importunes celles qui ont toujours bien dit. La bûcheronne était tout en pleurs :

« Hélas ! où sont maintenant mes enfants, mes pauvres enfants ? » Elle le dit une fois si haut que les enfants qui étaient à la porte, l'ayant entendue, se mirent à crier tous ensemble :

« Nous voilà, nous voilà. »

Elle courut vite leur ouvrir la porte, et leur dit en les embrassant :

« Que je suis aise de vous revoir, mes chers enfants ! Vous êtes bien las, et vous avez bien faim ; et toi, Pierrot, comme te voilà crotté, viens que je te débarbouille. »

Ce Pierrot était son fils aîné qu'elle aimait plus que tous les autres, parce qu'il était un peu rousseau, et qu'elle était un peu rousse. Ils se mirent à table, et mangèrent d'un appétit qui faisait plaisir au père et à la mère, à qui ils racontaient la peur qu'ils avaient eue dans la forêt en parlant presque toujours tous ensemble. Ces bonnes gens étaient ravis de revoir leurs enfants avec eux, et cette joie dura tant que les dix écus durèrent. Mais lorsque l'argent fut dépensé, ils retombèrent dans leur premier chagrin, et résolurent de les perdre encore, et pour ne pas manquer leur coup, de les mener bien plus loin que la première fois. Ils ne purent parler de cela si secrètement qu'ils ne fussent entendus par le Petit Poucet, qui fit son compte de sortir d'affaire comme il avait déjà fait ; mais quoiqu'il se fût levé de bon matin pour aller ramasser des petits cailloux, il ne put en venir à bout, car il trouva la porte de la maison fermée à double tour. Il ne savait que faire, lorsque la bûcheronne leur ayant donné à chacun un morceau de pain pour leur déjeuner, il songea qu'il pourrait se servir de son pain au lieu de cailloux en le jetant par miettes le long des chemins où ils passeraient ; il le serra donc dans sa poche. Le père et la mère les menèrent dans l'endroit de la forêt le plus épais et le plus obscur, et dès qu'ils y furent, ils gagnèrent un faux-fuyant et les laissèrent là. Le Petit Poucet ne s'en chagrina pas beaucoup, parce qu'il croyait retrouver aisément son chemin par le moyen de son pain qu'il avait semé partout où il avait passé ;

mais il fut bien surpris lorsqu'il ne put en retrouver une seule miette ; les oiseaux étaient venus qui avaient tout mangé. Les voilà donc bien affligés, car plus ils marchaient, plus ils s'égaraient et s'enfonçaient dans la forêt. La nuit vint, et il s'éleva un grand vent qui leur faisait des peurs épouvantables. Ils croyaient n'entendre de tous côtés que des hurlements de loups qui venaient à eux pour les manger. Ils n'osaient presque se parler ni tourner la tête. Il survint une grosse pluie qui les perça jusqu'aux os ; ils glissaient à chaque pas et tombaient dans la boue, d'où ils se relevaient tout crottés, ne sachant que faire de leurs mains. Le Petit Poucet grimpa au haut d'un arbre pour voir s'il ne découvrirait rien ; ayant tourné la tête de tous côtés, il vit une petite lueur comme d'une chandelle, mais qui était bien loin par-delà la forêt. Il descendit de l'arbre ; et lorsqu'il fut à terre, il ne vit plus rien ; cela le désola. Cependant, ayant marché quelque temps avec ses frères du côté qu'il avait vu la lumière, il la revit en sortant du bois. Ils arrivèrent enfin à la maison où était cette chandelle, non sans bien des frayeurs, car souvent ils la perdaient de vue, ce qui leur arrivait toutes les fois qu'ils descendaient dans quelques fonds. Ils heurtèrent à la porte, et une bonne femme vint leur ouvrir. Elle leur demanda ce qu'ils voulaient ; le Petit Poucet lui dit qu'ils étaient de pauvres enfants qui s'étaient perdus dans la forêt, et qui demandaient à coucher par charité. Cette femme les voyant tous si jolis se mit à pleurer, et leur dit :

« Hélas ! mes pauvres enfants, où êtes-vous venus ? Savez-vous bien que c'est ici la maison d'un ogre qui mange les petits enfants ?

— Hélas ! madame, lui répondit le Petit Poucet, qui tremblait de toute sa force aussi bien que ses frères, que ferons-nous ? Il est bien sûr que les loups de la forêt ne manqueront pas de nous manger cette nuit, si vous ne voulez pas nous retirer chez vous. Et cela étant, nous aimons mieux que ce soit monsieur qui nous mange ; peut-être qu'il aura pitié de nous, si vous voulez bien l'en prier. »

La femme de l'ogre qui crut qu'elle pourrait les cacher à son mari jusqu'au lendemain matin, les laissa entrer et les mena se chauffer auprès

d'un bon feu ; car il y avait un mouton tout entier à la broche pour le souper de l'ogre. Comme ils commençaient à se chauffer, ils entendirent heurter trois ou quatre grands coups à la porte : c'était l'ogre qui revenait. Aussitôt sa femme les fit cacher sous le lit et alla ouvrir la porte. L'ogre demanda d'abord si le souper était prêt, et si on avait tiré du vin, et aussitôt se mit à table. Le mouton était encore tout sanglant, mais il ne lui en sembla que meilleur. Il fleurait à droite et à gauche, disant qu'il sentait la chair fraîche.

« Il faut, lui dit sa femme, que ce soit ce veau que je viens d'habiller que vous sentez.

— Je sens la chair fraîche, te dis-je encore une fois, reprit l'ogre, en regardant sa femme de travers, et il y a ici quelque chose que je n'entends pas. »

En disant ces mots, il se leva de table, et alla droit au lit.

« Ah, dit-il, voilà donc comme tu veux me tromper, maudite femme ! Je ne sais à quoi il tient que je ne te mange aussi ; bien t'en prend d'être une vieille bête. Voilà du gibier qui me vient bien à propos pour traiter trois ogres de mes amis qui doivent me venir voir ces jours ici. »

Il les tira de dessous le lit l'un après l'autre. Ces pauvres enfants se mirent à genoux en lui demandant pardon ; mais ils avaient à faire au plus cruel de tous les ogres, qui bien loin d'avoir de la pitié les dévorait déjà des yeux, et disait à sa femme que ce serait là de friands morceaux lorsqu'elle leur aurait fait une bonne sauce. Il alla prendre un grand couteau, et en approchant de ces pauvres enfants, il l'aiguisait sur une longue pierre qu'il tenait à sa main gauche. Il en avait déjà empoigné un, lorsque sa femme lui dit :

« Que voulez-vous faire à l'heure qu'il est ? n'aurez-vous pas assez de temps demain matin ?

— Tais-toi, reprit l'ogre, ils en seront plus mortifiés.

— Mais vous avez encore là tant de viande, reprit sa femme ; voilà un veau, deux moutons et la moitié d'un cochon !

— Tu as raison, dit l'ogre ; donne-leur bien à souper, afin qu'ils ne maigrissent pas, et va les mener coucher. »

La bonne femme fut ravie de joie, et leur porta bien à souper, mais ils ne purent manger tant ils étaient saisis de peur. Pour l'ogre, il se remit à boire, ravi d'avoir de quoi si bien régaler ses amis. Il but une douzaine de coups plus qu'à l'ordinaire, ce qui lui donna un peu dans la tête, et l'obligea de s'aller coucher.

L'ogre avait sept filles, qui n'étaient encore que des enfants. Ces petites ogresses avaient toutes le teint fort beau, parce qu'elles mangeaient de la chair fraîche comme leur père ; mais elles avaient de petits yeux gris et tout ronds, le nez crochu et une fort grande bouche avec de longues dents fort aiguës et fort éloignées l'une de l'autre. Elles n'étaient pas encore fort méchantes ; mais elles promettaient beaucoup, car elles mordaient déjà les petits enfants pour en sucer le sang. On les avait fait coucher de bonne heure, et elles étaient toutes sept dans un grand lit, ayant chacune une couronne d'or sur la tête. Il y avait dans la même chambre un autre lit de la même grandeur ; ce fut dans ce lit que la femme de l'ogre mit coucher les sept petits garçons ; après quoi, elle s'alla coucher auprès de son mari. Le Petit Poucet qui avait remarqué que les filles de l'ogre avaient des couronnes d'or sur la tête, et qui craignait qu'il ne prît à l'ogre quelque remords de ne les avoir pas égorgés dès le soir même, se leva vers le milieu de la nuit, et prenant les bonnets de ses frères et le sien, il alla tout doucement les mettre sur la tête des sept filles de l'ogre, après leur avoir ôté leurs couronnes d'or qu'il mit sur la tête de ses frères et sur la sienne, afin que l'ogre les prît pour ses filles, et ses filles pour les garçons qu'il voulait égorger. La chose réussit

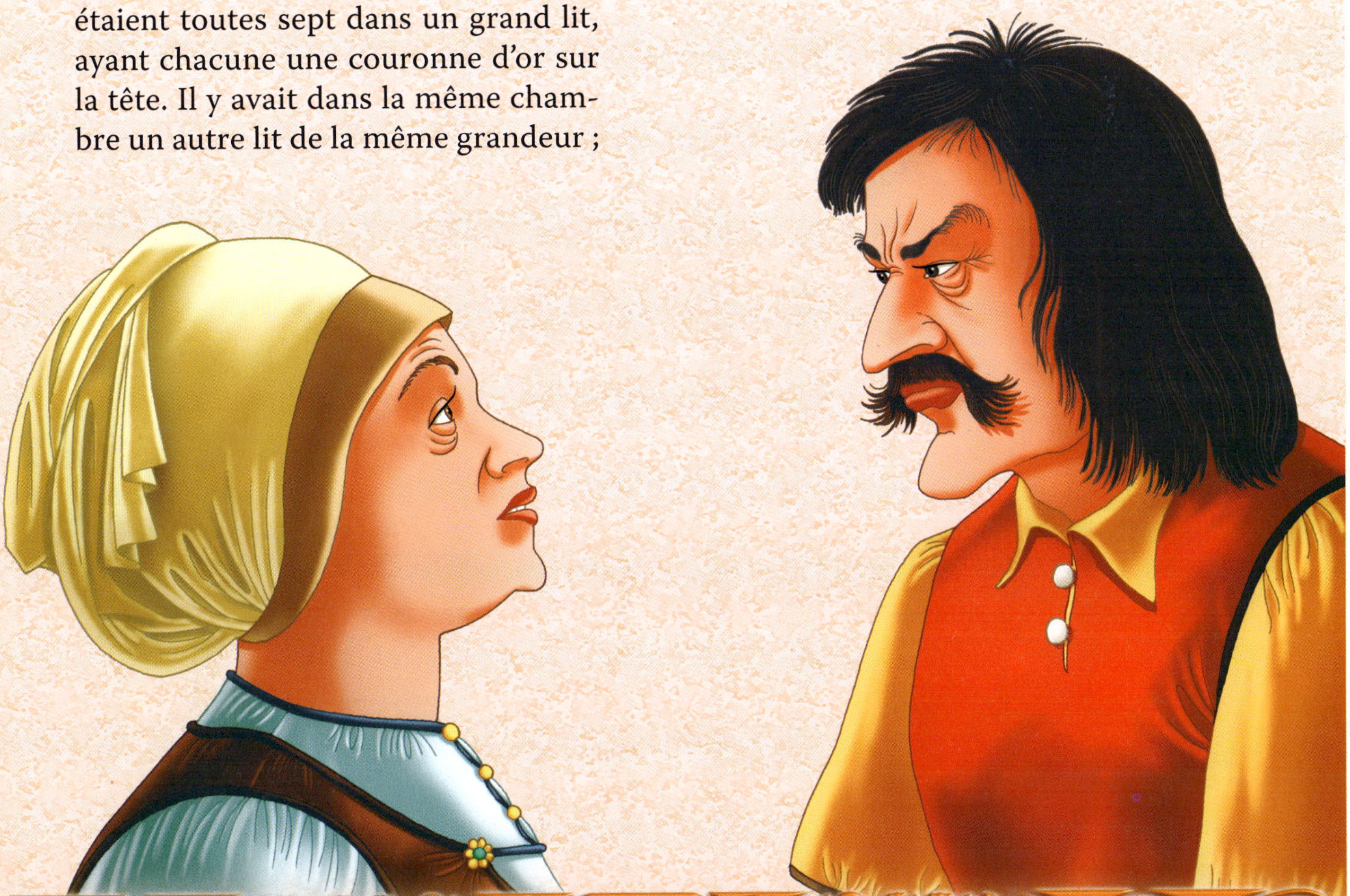

comme il l'avait pensé ; car l'ogre s'étant éveillé sur le minuit eut regret d'avoir différé au lendemain ce qu'il pouvait exécuter la veille ; il se jeta donc brusquement hors du lit, et prenant son grand couteau :

« Allons voir, dit-il, comment se portent nos petits drôles ; n'en faisons pas à deux fois. »

Il monta donc à tâtons à la chambre de ses filles et s'approcha du lit où étaient les petits garçons, qui dormaient tous, excepté le Petit Poucet, qui eut bien peur lorsqu'il sentit la main de l'ogre qui lui tâtait la tête, comme il avait tâté celles de tous ses frères. L'ogre, qui sentit les couronnes d'or :

« Vraiment, dit-il, j'allais faire là un bel ouvrage ; je vois bien que je bus trop hier au soir. »

Il alla ensuite au lit de ses filles, où ayant senti les petits bonnets des garçons :

« Ah ! les voilà, dit-il, nos gaillards ! travaillons hardiment. »

En disant ces mots, il coupa sans balancer la gorge à ses sept filles. Fort content de cette expédition, il alla se recoucher auprès de sa femme. Aussitôt que le Petit Poucet entendit ronfler l'ogre, il réveilla ses frères, et

leur dit de s'habiller promptement et de le suivre. Ils descendirent doucement dans le jardin, et sautèrent pardessus les murailles. Ils coururent presque toute la nuit, toujours en tremblant et sans savoir où ils allaient. L'ogre s'étant éveillé dit à sa femme : « Va-t'en là-haut habiller ces petits drôles d'hier au soir. » L'ogresse fut fort étonnée de la bonté de son mari, ne se doutant point de la manière qu'il entendait qu'elle les habillât, et croyant qu'il lui ordonnait de les aller vêtir, elle monta en haut où elle fut bien surprise lorsqu'elle aperçut ses sept filles égorgées et nageant dans leur sang. Elle commença par s'évanouir (car c'est le premier expédient que trouvent presque toutes les femmes en pareilles rencontres). L'ogre, craignant que sa femme ne fût trop longtemps à faire la besogne dont il l'avait chargée, monta en haut pour lui aider. Il ne fut pas moins étonné que sa femme lorsqu'il vit cet affreux spectacle.

« Ah ! qu'ai-je fait là ? s'écria-t-il. Ils me le payeront, les malheureux, et tout à l'heure. »

Il jeta aussitôt une potée d'eau dans le nez de sa femme et l'ayant fait revenir :

« Donne-moi vite mes bottes de sept lieues, lui dit-il, afin que j'aille les attraper. »

Il se mit en campagne, et après avoir couru bien loin de tous côtés, enfin il entra dans le chemin où marchaient ces pauvres enfants qui n'étaient plus qu'à cent pas du logis de leur père. Ils virent l'ogre qui allait de montagne en montagne, et qui traversait des rivières aussi aisément qu'il aurait fait le moindre ruisseau. Le Petit Poucet, qui vit un rocher creux proche le lieu où ils étaient, y fit cacher ses six frères, et s'y fourra aussi, regardant toujours ce que l'ogre deviendrait. L'ogre qui se trouvait fort las du long chemin qu'il avait fait inutilement (car les bottes de sept lieues fatiguent fort leur homme), voulut se reposer, et par hasard il alla s'asseoir sur la roche où les petits garçons s'étaient cachés. Comme il n'en pouvait plus de fatigue, il s'endormit après s'être reposé quelque temps, et vint à ronfler si effroyablement que les pauvres enfants n'en eurent pas moins de peur que quand il tenait son grand couteau pour leur couper la gorge. Le Petit Poucet en eut moins de peur, et dit à ses frères de s'enfuir promptement à la maison pendant que l'ogre dormait bien fort, et qu'ils ne se missent point en peine de lui. Ils crurent son conseil, et gagnèrent vite la maison. Le Petit Poucet s'étant approché de l'ogre lui tira doucement ses bottes, et les mit aussitôt. Les bottes étaient fort grandes et fort larges ; mais comme elles étaient fées, elles avaient le don de s'agrandir et de s'apetisser selon la jambe de celui qui les chaussait, de sorte qu'elles se trouvèrent aussi justes à ses pieds et à ses jambes que si elles avaient été faites pour lui. Il alla droit à la maison de l'ogre où il trouva sa femme qui pleurait auprès de ses filles égorgées.

« Votre mari, lui dit le Petit Poucet, est en grand danger ; car il a été pris par une troupe de voleurs qui ont juré de le tuer s'il ne leur donne tout son or et tout son argent. Dans le moment qu'ils lui tenaient le poignard sur la gorge, il m'a aperçu et m'a prié de vous venir avertir de l'état où il est, et de vous dire de me donner tout ce qu'il a vaillant sans en rien retenir, parce que autrement ils le

tueront sans miséricorde. Comme la chose presse beaucoup, il a voulu que je prisse ses bottes de sept lieues que voilà pour faire diligence, et aussi afin que vous ne croyiez pas que je sois un affronteur. »

La bonne femme fort effrayée lui donna aussitôt tout ce qu'elle avait : car cet ogre ne laissait pas d'être fort bon mari, quoiqu'il mangeât les petits enfants. Le Petit Poucet étant donc chargé de toutes les richesses de l'ogre s'en revint au logis de son père, où il fut reçu avec bien de la joie.

Il y a bien des gens qui ne demeurent pas d'accord de cette dernière circonstance, et qui prétendent que le Petit Poucet n'a jamais fait ce vol à l'ogre ; qu'à la vérité, il n'avait pas fait conscience de lui prendre ses bottes de sept lieues, parce qu'il ne s'en servait que pour courir après les petits enfants. Ces gens-là assurent le savoir de bonne part, et même pour avoir bu et mangé dans la maison du bûcheron. Ils assurent que lorsque le Petit Poucet eut chaussé les bottes de l'ogre, il s'en alla à la cour, où il savait qu'on était fort en peine d'une armée qui était à deux cents lieues de là, et du succès d'une bataille qu'on avait donnée. Il alla, disent-ils, trouver le roi, et lui dit que s'il le souhaitait, il lui rapporterait des nouvelles de l'armée avant la fin du jour. Le roi lui promit une grosse somme d'argent s'il en venait à bout. Le Petit Poucet rapporta des nouvelles dès le soir même, et cette première course l'ayant fait connaître, il gagnait tout ce qu'il voulait ; car le roi le payait parfaitement bien pour porter ses ordres à l'armée, et une infinité de dames lui donnaient tout ce qu'il voulait pour avoir des nouvelles de leurs amants, et ce fut là son plus grand gain. Il se trouvait quelques femmes qui le chargeaient de lettres pour leurs maris, mais elles le payaient si mal, et cela allait à si peu de chose, qu'il ne daignait mettre en ligne de compte ce qu'il gagnait de ce côté-là. Après avoir fait pendant quelque temps le métier de courrier, et y avoir amassé beaucoup de bien, il revint chez son père, où il n'est pas possible d'imaginer la joie qu'on eut de le revoir. Il mit toute sa famille à son aise. Il acheta des offices de nouvelle création pour son père et pour ses frères ; et par là il les établit tous, et fit parfaitement bien sa cour en même temps.

Griselidis

Au pied des célèbres montagnes
Où le Pô s'échappant de dessous ses roseaux,
Va dans le sein des prochaines campagnes
Promener ses naissantes eaux,
Vivait un jeune et vaillant prince,
Les délices de sa province :
Le Ciel, en le formant, sur lui tout à la fois
Versa ce qu'il a de plus rare,
Ce qu'entre ses amis d'ordinaire il sépare,
Et qu'il ne donne qu'aux grands rois.
Comblé de tous les dons et du corps et de l'âme,
Il fut robuste, adroit, propre au métier de Mars,
Et par l'instinct secret d'une divine flamme,
Avec ardeur il aima les beaux-arts.
Il aima les combats, il aima la victoire,
Les grands projets, les actes valeureux,
Et tout ce qui fait vivre un beau nom dans l'histoire ;
Mais son cœur tendre et généreux
Fut encor plus sensible à la solide gloire
De rendre ses peuples heureux.
Ce tempérament héroïque
Fut obscurci d'une sombre vapeur
Qui, chagrine et mélancolique,
Lui faisait voir dans le fond de son cœur
Tout le beau sexe infidèle et trompeur :
Dans la femme où brillait le plus rare mérite,
Il voyait une âme hypocrite,
Un esprit d'orgueil enivré,
Un cruel ennemi qui sans cesse n'aspire

Qu'à prendre un souverain empire
Sur l'homme malheureux qui lui sera livré.
Le fréquent usage du monde,
Où l'on ne voit qu'époux subjugués ou trahis,
Joint à l'air jaloux du pays,
Accrut encor cette haine profonde.
Il jura donc plus d'une fois
Que quand même le Ciel pour lui plein de tendresse
Formerait une autre Lucrèce,
Jamais de l'hyménée[1] il ne suivrait les lois.
Ainsi, quand le matin, qu'il donnait aux affaires,
Il avait réglé sagement
Toutes les choses nécessaires
Au bonheur du gouvernement,
Que du faible orphelin, de la veuve oppressée,
Il avait conservé les droits,
Ou banni quelque impôt qu'une guerre forcée
Avait introduit autrefois,
L'autre moitié de la journée
À la chasse était destinée,
Où les sangliers et les ours,
Malgré leur fureur et leurs armes

[1] *hyménée : mariage.*

Lui donnaient encor moins d'alarmes
Que le sexe charmant qu'il évitait toujours.
Cependant ses sujets que leur intérêt presse
De s'assurer d'un successeur
Qui les gouverne un jour avec même douceur,
À leur donner un fils le conviaient sans cesse.
Un jour dans le palais ils vinrent tous en corps
Pour faire leurs derniers efforts ;
Un orateur d'une grave apparence,
Et le meilleur qui fût alors,
Dit tout ce qu'on peut dire en pareille occurrence.
Il marqua leur désir pressant
De voir sortir du prince une heureuse lignée
Qui rendît à jamais leur État florissant ;
Il lui dit même en finissant
Qu'il voyait un astre naissant
Issu de son chaste hyménée
Qui faisait pâlir le croissant.
D'un ton plus simple et d'une voix moins forte,
Le prince à ses sujets répondit de la sorte :
« Le zèle ardent, dont je vois qu'en ce jour
Vous me portez aux nœuds du mariage,
Me fait plaisir, et m'est de votre amour
Un agréable témoignage ;
J'en suis sensiblement touché,
Et voudrais dès demain pouvoir vous satisfaire :
Mais à mon sens l'hymen[1] est une affaire
Où plus l'homme est prudent, plus il est empêché.
Observez bien toutes les jeunes filles ;
Tant qu'elles sont au sein de leurs familles,
Ce n'est que vertu, que bonté,
Que pudeur, que sincérité,
Mais sitôt que le mariage
Au déguisement a mis fin,
Et qu'ayant fixé leur destin
Il n'importe plus d'être sage,
Elles quittent leur personnage,
Non sans avoir beaucoup pâti,
Et chacune dans son ménage
Selon son gré prend son parti.
L'une d'humeur chagrine, et que rien ne récrée,
Devient une dévote outrée,
Qui crie et gronde à tous moments ;

[1] *hymen : mariage.*

L'autre se façonne en coquette,
Qui sans cesse écoute ou caquette,
Et n'a jamais assez d'amants ;
Celle-ci des beaux-arts follement curieuse,
De tout décide avec hauteur,
Et critiquant le plus habile auteur,
Prend la forme de précieuse ;
Cette autre s'érige en joueuse,
Perd tout, argent, bijoux, bagues, meubles de prix,
Et même jusqu'à ses habits.
Dans la diversité des routes qu'elles tiennent,
Il n'est qu'une chose où je vois
Qu'enfin toutes elles conviennent,
C'est de vouloir donner la loi.
Or je suis convaincu que dans le mariage
On ne peut jamais vivre heureux,
Quand on y commande tous deux ;
Si donc vous souhaitez qu'à l'hymen je m'engage,
Cherchez une jeune beauté
Sans orgueil et sans vanité,
D'une obéissance achevée,
D'une patience éprouvée,
Et qui n'ait point de volonté,
Je la prendrai quand vous l'aurez trouvée. »
Le prince ayant mis fin à ce discours moral,
Monte brusquement à cheval,
Et court joindre à perte d'haleine
Sa meute qui l'attend au milieu de la plaine.
Après avoir passé des prés et des guérets[1],
Il trouve ses chasseurs couchés sur l'herbe verte ;
Tous se lèvent et tous alertes,
Font trembler de leurs cors les hôtes des forêts.
Des chiens courants l'aboyante famille,
Deçà, delà, parmi le chaume brille,
Et les limiers à l'œil ardent
Qui du fort de la bête à leur poste reviennent,
Entraînent en les regardant
Les forts valets qui les retiennent.
S'étant instruit par un des siens
Si tout est prêt, si l'on est sur la trace,
Il ordonne aussitôt qu'on commence la chasse,
Et fait donner le cerf aux chiens.
Le son des cors qui retentissent,

[1] *guérets : terres labourées, non ensemencées.*

Le bruit des chevaux qui hennissent
Et des chiens animés les pénétrants abois,
Remplissent la forêt de tumulte et de trouble,
Et pendant que l'écho sans cesse les redouble,
S'enfoncent avec eux dans les plus creux du bois.
Le prince, par hasard ou par sa destinée,
Prit une route détournée
Où nul des chasseurs ne le suit ;
Plus il court, plus il s'en sépare :
Enfin à tel point il s'égare
Que des chiens et des cors il n'entend plus le bruit.
L'endroit où le mena sa bizarre aventure,
Clair de ruisseaux et sombre de verdure,
Saisissait les esprits d'une secrète horreur ;
La simple et naïve Nature
S'y faisait voir et si belle et si pure,
Que mille fois il bénit son erreur.
Rempli des douces rêveries
Qu'inspirent les grands bois, les eaux et les prairies,
Il sent soudain frapper et son cœur et ses yeux
Par l'objet le plus agréable,
Le plus doux et le plus aimable
Qu'il eût jamais vu sous les cieux.
C'était une jeune bergère
Qui filait aux bords d'un ruisseau,
Et qui conduisant son troupeau,
D'une main sage et ménagère
Tournait son agile fuseau.
Elle aurait pu dompter les cœurs les plus sauvages ;
Des lys, son teint a la blancheur,
Et sa naturelle fraîcheur
S'était toujours sauvée à l'ombre des bocages :
Sa bouche, de l'enfance avait tout l'agrément,
Et ses yeux qu'adoucit une brune paupière,
Plus bleus que n'est le firmament,
Avaient aussi plus de lumière.
Le prince, avec transport, dans le bois se glissant,
Contemple les beautés dont son âme est émue,
Mais le bruit qu'il fait en passant
De la belle sur lui fit détourner la vue ;
Dès qu'elle se vit aperçue,
D'un brillant incarnat la prompte et vive ardeur
De son beau teint redoubla la splendeur,

Et sur son visage épandue,
Y fit triompher la pudeur.
Sous le voile innocent de cette honte aimable,
Le prince découvrit une simplicité,
Une douceur, une sincérité,
Dont il croyait le beau sexe incapable,
Et qu'il voit là dans toute leur beauté.
Saisi d'une frayeur pour lui toute nouvelle,
Il s'approche interdit, et plus timide qu'elle,
Lui dit d'une tremblante voix,
Que de tous ses veneurs[1] il a perdu la trace,
Et lui demande si la chasse
N'a point passé quelque part dans le bois.
« Rien n'a paru, Seigneur, dans cette solitude,
Dit-elle, et nul ici que vous seul n'est venu ;
Mais n'ayez point d'inquiétude,
Je remettrai vos pas sur un chemin connu.
— De mon heureuse destinée
Je ne puis, lui dit-il, trop rendre grâce aux dieux ;
Depuis longtemps je fréquente ces lieux,
Mais j'avais ignoré jusqu'à cette journée
Ce qu'ils ont de plus précieux. »
Dans ce temps elle voit que le prince se baisse
Sur le moite bord du ruisseau,
Pour étancher dans le cours de son eau
La soif ardente qui le presse.
« Seigneur, attendez un moment »,

[1] *veneurs : chasseurs.*

Dit-elle, et courant promptement
Vers sa cabane, elle y prend une tasse
Qu'avec joie et de bonne grâce,
Elle présente à ce nouvel amant.
Les vases précieux de cristal et d'agate
Où l'or en mille endroits éclate,
Et qu'un art curieux avec soin façonna,
N'eurent jamais pour lui, dans leur pompe inutile,
Tant de beauté que le vase d'argile
Que la bergère lui donna.
Cependant pour trouver une route facile
Qui mène le prince à la ville,
Ils traversent des bois, des rochers escarpés
Et de torrents entrecoupés ;
Le prince n'entre point dans de route nouvelle
Sans en bien observer tous les lieux d'alentour,
Et son ingénieux amour
Qui songeait au retour,
En fit une carte fidèle.
Dans un bocage sombre et frais
Enfin la bergère le mène,
Où de dessous ses branchages épais
Il voit au loin dans le sein de la plaine
Les toits dorés de son riche palais.
S'étant séparé de la belle,
Touché d'une vive douleur,
À pas lents il s'éloigne d'elle,
Chargé du trait qui lui perce le cœur ;
Le souvenir de sa tendre aventure
Avec plaisir le conduisit chez lui.
Mais dès le lendemain il sentit sa blessure,
Et se vit accablé de tristesse et d'ennui.
Dès qu'il le peut il retourne à la chasse,
Où de sa suite adroitement
Il s'échappe et se débarrasse
Pour s'égarer heureusement.
Des arbres et des monts les cimes élevées,
Qu'avec grand soin il avait observées,
Et les avis secrets de son fidèle amour,
Le guidèrent si bien que malgré les traverses
De cent routes diverses,
De sa jeune bergère il trouva le séjour.
Il sut qu'elle n'a plus que son père avec elle,

Que Griselidis on l'appelle,
Qu'ils vivent doucement du lait de leurs brebis,
Et que de leur toison qu'elle seule elle file,
Sans avoir recours à la ville,
Ils font eux-mêmes leurs habits.
Plus il la voit, plus il s'enflamme
Des vives beautés de son âme ;
Il connaît en voyant tant de dons précieux,
Que si la bergère est si belle,
C'est qu'une légère étincelle
De l'esprit qui l'anime a passé dans ses yeux.
Il ressent une joie extrême
D'avoir si bien placé ses premières amours ;
Ainsi sans plus tarder, il fit dès le jour même
Assembler son conseil et lui tint ce discours :
« Enfin aux lois de l'hyménée
Suivant vos vœux je me vais engager ;
Je ne prends point ma femme en pays étranger,
Je la prends parmi vous, belle, sage, bien née,
Ainsi que mes aïeux ont fait plus d'une fois,
Mais j'attendrai cette grande journée
À vous informer de mon choix. »
Dès que la nouvelle fut sue,
Partout elle fut répandue.
On ne peut dire avec combien d'ardeur
L'allégresse publique
De tous côtés s'explique ;
Le plus content fut l'orateur,
Qui par son discours pathétique
Croyait d'un si grand bien être l'unique auteur.
Qu'il se trouvait homme de conséquence !
« Rien ne peut résister à la grande éloquence »,
Disait-il sans cesse en son cœur.
Le plaisir fut de voir le travail inutile
Des belles de toute la ville
Pour s'attirer et mériter le choix
Du prince leur seigneur, qu'un air chaste et modeste
Charmait uniquement et plus que tout le reste,
Ainsi qu'il l'avait dit cent fois.
D'habit et de maintien toutes elles changèrent,
D'un ton dévot elles toussèrent,
Elles radoucirent leurs voix,
De demi-pied les coiffures baissèrent,

La gorge se couvrit, les manches s'allongèrent,
À peine on leur voyait le petit bout des doigts.
Dans la ville avec diligence,
Pour l'hymen dont le jour s'avance,
On voit travailler tous les arts :
Ici se font de magnifiques chars
D'une forme toute nouvelle,
Si beaux et si bien inventés,
Que l'or qui partout étincelle
En fait la moindre des beautés.
Là, pour voir aisément et sans aucun obstacle
Toute la pompe du spectacle,
On dresse de longs échafauds,
Ici de grands arcs triomphaux
Où du prince guerrier se célèbre la gloire,
Et de l'amour sur lui l'éclatante victoire.
Là, sont forgés d'un art industrieux,
Ces feux qui par les coups d'un innocent tonnerre,
En effrayant la terre,
De mille astres nouveaux embellissent les cieux.
Là d'un ballet ingénieux
Se concerte avec soin l'agréable folie,
Et là d'un opéra peuplé de mille dieux,
Le plus beau que jamais ait produit l'Italie,
On entend répéter les airs mélodieux.
Enfin, du fameux hyménée,
Arriva la grande journée.
Sur le fond d'un ciel vif et pur,
À peine l'aurore vermeille
Confondait l'or avec l'azur,
Que partout en sursaut le beau sexe s'éveille ;
Le peuple curieux s'épand de tous côtés,
En différents endroits des gardes sont postés
Pour contenir la populace,
Et la contraindre à faire place.
Tout le palais retentit de clairons,
De flûtes, de hautbois, de rustiques musettes,
Et l'on n'entend aux environs
Que des tambours et des trompettes.
Enfin le prince sort entouré de sa cour,
Il s'élève un long cri de joie,
Mais on est bien surpris quand au premier détour,
De la forêt prochaine on voit qu'il prend la voie,

Ainsi qu'il faisait chaque jour.
« Voilà, dit-on, son penchant qui l'emporte,
Et de ses passions, en dépit de l'amour,
La chasse est toujours la plus forte. »
Il traverse rapidement
Les guérets de la plaine et gagnant la montagne,
Il entre dans le bois au grand étonnement
De la troupe qui l'accompagne.
Après avoir passé par différents détours,
Que son cœur amoureux se plaît à reconnaître,
Il trouve enfin la cabane champêtre,
Où logent ses tendres amours.
Griselidis de l'hymen informée,
Par la voix de la Renommée,
En avait pris son bel habillement ;
Et pour en aller voir la pompe magnifique,
De dessous sa case rustique
Sortait en ce même moment.
« Où courez-vous si prompte et si légère ?
Lui dit le prince en l'abordant
Et tendrement la regardant ;
Cessez de vous hâter, trop aimable bergère :
La noce où vous allez, et dont je suis l'époux,
Ne saurait se faire sans vous.
Oui, je vous aime, et je vous ai choisie
Entre mille jeunes beautés,
Pour passer avec vous le reste de ma vie,
Si toutefois mes vœux ne sont pas rejetés.
— Ah ! dit-elle, Seigneur, je n'ai garde de croire
Que je sois destinée à ce comble de gloire,
Vous cherchez à vous divertir.
— Non, non, dit-il, je suis sincère,
J'ai déjà pour moi votre père
(Le prince avait eu soin de l'en faire avertir).
Daignez, bergère, y consentir,
C'est là tout ce qui reste à faire.
— Je consens, dit-elle avec joie,
Saisie par cette nouvelle voie,
Au bonheur de trouver en vous
Et mon seigneur et mon époux. »
Ainsi le prince se déclare,
Et pendant que la cour applaudit à son choix,
Il porte la bergère à souffrir qu'on la pare

Des ornements qu'on donne aux épouses des rois.
Celles qu'à cet emploi leur devoir intéresse
Entrent dans la cabane, et là diligemment
Mettent tout leur savoir et toute leur adresse
À donner de la grâce à chaque ajustement.
Dans cette hutte où l'on se presse
Les dames admirent sans cesse
Avec quel art la pauvreté
S'y cache sous la propreté ;
Et cette rustique cabane,
Que couvre et rafraîchit un spacieux platane,
Leur semble un séjour enchanté.
Enfin, de ce réduit sort pompeuse et brillante
La bergère charmante ;
Ce ne sont qu'applaudissements
Sur sa beauté, sur ses habillements ;
Mais sous cette pompe étrangère
Déjà plus d'une fois le prince a regretté
Des ornements de la bergère
L'innocente simplicité.
Sur un grand char d'or et d'ivoire,
La bergère s'assied pleine de majesté ;
Le prince y monte avec fierté,
Et ne trouve pas moins de gloire
A se voir comme amant assis à son côté
Qu'à marcher en triomphe après une victoire ;
La cour les suit et tous gardent le rang
Que leur donne leur charge ou l'éclat de leur sang.
La ville dans les champs presque toute sortie
Couvrait les plaines d'alentour,
Et du choix du prince avertie,
Avec impatience attendait son retour.
Il paraît, on le joint. Parmi l'épaisse foule
Du peuple qui se fend le char à peine roule ;
Par les longs cris de joie à tout coup redoublés
Les chevaux émus et troublés
Se cabrent, trépignent, s'élancent,
Et reculent plus qu'ils n'avancent.
Dans le temple on arrive enfin,
Et là par la chaîne éternelle
D'une promesse solennelle,
Les deux époux unissent leur destin ;
Ensuite au palais ils se rendent,

Où mille plaisirs les attendent,
Où la danse, les jeux, les courses, les tournois,
Répandent l'allégresse en différents endroits ;
Sur le soir le blond hyménée
De ses chastes douceurs couronna la journée.
Le lendemain, les différents États
De toute la province
Accourent haranguer la princesse et le prince
Par la voix de leurs magistrats.
De ses dames environnée,
Griselidis, sans paraître étonnée,
En princesse les entendit,
En princesse leur répondit.
Elle fit toute chose avec tant de prudence,
Qu'il sembla que le Ciel eût versé ses trésors
Avec encor plus d'abondance
Sur son âme que sur son corps.
Par son esprit, par ses vives lumières,
Du grand monde aussitôt elle prit les manières,
Et même dès le premier jour
Des talents, de l'humeur des dames de sa cour,
Elle se fit si bien instruire,
Que son bon sens jamais embarrassé
Eut moins de peine à les conduire
Que ses brebis du temps passé.
Avant la fin de l'an, des fruits de l'hyménée
Le Ciel bénit leur couche fortunée ;
Ce ne fut pas un prince, on l'eût bien souhaité ;
Mais la jeune princesse avait tant de beauté
Que l'on ne songea plus qu'à conserver sa vie ;
Le père qui lui trouve un air doux et charmant
La venait voir de moment en moment,
Et la mère encor plus ravie
La regardait incessamment.
Elle voulut la nourrir elle-même :
« Ah ! dit-elle, comment m'exempter de l'emploi
Que ses cris demandent de moi
Sans une ingratitude extrême ?
Par un motif de nature ennemi
Pourrais-je bien vouloir de mon enfant que j'aime
N'être la mère qu'à demi ? »
Soit que le prince eût l'âme un peu moins enflammée
Qu'aux premiers jours de son ardeur,

Soit que de sa maligne humeur
La masse se fût rallumée,
Et de son épaisse fumée
Eût obscurci ses sens et corrompu son cœur,
Dans tout ce que fait la princesse,
Il s'imagine voir peu de sincérité.
Sa trop grande vertu le blesse,
C'est un piège qu'on tend à sa crédulité ;
Son esprit inquiet et de trouble agité
Croit tous les soupçons qu'il écoute,
Et prend plaisir à révoquer en doute
L'excès de sa félicité
Pour guérir les chagrins dont son âme est atteinte,
Il la suit, il l'observe, il aime à la troubler
Par les ennuis de la contrainte,
Par les alarmes de la crainte,
Par tout ce qui peut démêler
La vérité d'avec la feinte.

« C'est trop, dit-il, me laisser endormir ;
Si ses vertus sont véritables,
Les traitements les plus insupportables
Ne feront que les affermir. »
Dans son palais il la tient resserrée,
Loin de tous les plaisirs qui naissent à la cour,
Et dans sa chambre, où seule elle vit retirée,
À peine il laisse entrer le jour.
Persuadé que la parure
Et le superbe ajustement
Du sexe que pour plaire a formé la nature
Est le plus doux enchantement
Il lui demande avec rudesse
Les perles, les rubis, les bagues, les bijoux
Qu'il lui donna pour marque de tendresse,
Lorsque de son amant il devint son époux.
Elle dont la vie est sans tache,
Et qui n'a jamais eu d'attache
Qu'à s'acquitter de son devoir,
Les lui donne sans s'émouvoir,
Et même, le voyant se plaire à les reprendre,
N'a pas moins de joie à les rendre
Qu'elle en eut à les recevoir.
« Pour m'éprouver mon époux me tourmente,
Dit-elle, et je vois bien qu'il ne me fait souffrir
Qu'afin de réveiller ma vertu languissante,
Qu'un doux et long repos pourrait faire périr.
S'il n'a pas ce dessein, du moins suis-je assurée
Que telle est du Seigneur la conduite sur moi
Et que de tant de maux l'ennuyeuse durée
N'est que pour exercer ma constance et ma foi.
Pendant que tant de malheureuses
Errant au gré de leurs désirs
Par mille routes dangereuses,
Après de faux et vains plaisirs ;
Pendant que le Seigneur dans Sa lente justice
Les laisse aller aux bords du précipice
Sans prendre part à leur danger,
Par un pur mouvement de Sa bonté suprême,
Il me choisit comme un enfant qu'il aime,
Et s'applique à me corriger.
Aimons donc Sa rigueur utilement cruelle,
On n'est heureux qu'autant qu'on a souffert,

Aimons Sa bonté paternelle
Et la main dont elle se sert. »
Le prince a beau la voir obéir sans contrainte
A tous ses ordres absolus :
« Je vois le fondement de cette vertu feinte,
Dit-il, et ce qui rend tous mes coups superflus,
C'est qu'ils n'ont porté leur atteinte
Qu'à des endroits où son amour n'est plus.
Dans son enfant, dans la jeune princesse,
Elle a mis toute sa tendresse ;
À l'éprouver si je veux réussir,
C'est là qu'il faut que je m'adresse,
C'est là que je puis m'éclaircir. »
Elle venait de donner la mamelle
Au tendre objet de son amour ardent,
Qui couché sur son sein se jouait avec elle,
Et riait en la regardant :
« Je vois que vous l'aimez, lui dit-il, cependant
Il faut que je vous l'ôte en cet âge encor tendre,
Pour lui former les mœurs et pour la préserver
De certains mauvais airs qu'avec vous l'on peut prendre ;
Mon heureux sort m'a fait trouver
Une dame d'esprit qui saura l'élever
Dans toutes les vertus et dans la politesse
Que doit avoir une princesse.
Disposez-vous à la quitter,
On va venir pour l'emporter. »
Il la laisse à ces mots, n'ayant pas le courage,
Ni les yeux assez inhumains,
Pour voir arracher de ses mains
De leur amour l'unique gage ;
Elle de mille pleurs se baigne le visage,
Et dans un morne accablement
Attend de son malheur le funeste moment.
Dès que d'une action si triste et si cruelle
Le ministre odieux à ses yeux se montra,
« Il faut obéir », lui dit-elle ;
Puis prenant son enfant qu'elle considéra,
Qu'elle baisa d'une ardeur maternelle,
Qui de ses petits bras tendrement la serra,
Tout en pleurs elle le livra.
Ah ! que sa douleur fut amère !
Arracher l'enfant ou le cœur

Du sein d'une si tendre mère,
C'est la même douleur.
Près de la ville était un monastère,
Fameux par son antiquité,
Où des vierges vivaient dans une règle austère,
Sous les yeux d'une abbesse illustre en piété.
Ce fut là que dans le silence,
Et sans déclarer sa naissance,
On déposa l'enfant, et des bagues de prix,
Sous l'espoir d'une récompense
Digne des soins que l'on en aurait pris.
Le prince qui tâchait d'éloigner par la chasse
Le vif remords qui l'embarrasse
Sur l'excès de sa cruauté,
Craignait de revoir la princesse,
Comme on craint de revoir une fière tigresse
A qui son faon[1] vient d'être ôté ;
Cependant il en fut traité
Avec douceur, avec caresse,
Et même avec cette tendresse
Qu'elle eut aux plus beaux jours de sa prospérité.
Par cette complaisance et si grande et si prompte,
Il fut touché de regret et de honte ;
Mais son chagrin demeura le plus fort :
Ainsi, deux jours après, avec des larmes feintes,
Pour lui porter encor de plus vives atteintes,
Il lui vint dire que la mort
De leur aimable enfant avait fini le sort.
Ce coup inopiné mortellement la blesse,
Cependant malgré sa tristesse,
Ayant vu son époux qui changeait de couleur,
Elle parut oublier son malheur,
Et n'avoir même de tendresse
Que pour le consoler de sa fausse douleur.
Cette bonté, cette ardeur sans égale
D'amitié conjugale,
Du prince tout à coup désarmant la rigueur,
Le touche, le pénètre et lui change le cœur,
Jusque-là qu'il lui prend envie
De déclarer que leur enfant
Jouit encore de la vie ;
Mais sa bile s'élève et fière lui défend
De rien découvrir du mystère

[1] *faon : petit de n'importe quel animal .*

Qu'il peut être utile de taire.
Dès ce bienheureux jour telle des deux époux
Fut la mutuelle tendresse,
Qu'elle n'est point plus vive aux moments les plus doux
Entre l'amant et la maîtresse.
Quinze fois le soleil, pour former les saisons,
Habita tour à tour dans ses douze maisons,
Sans rien voir qui les désunisse ;
Que si quelquefois par caprice
Il prend plaisir à la fâcher,
C'est seulement pour empêcher
Que l'amour ne se ralentisse,
Tel que le forgeron qui pressant son labeur,
Répand un peu d'eau sur la braise
De sa languissante fournaise
Pour en redoubler la chaleur.
Cependant la jeune princesse
Croissait en esprit, en sagesse ;
À la douceur, à la naïveté
Qu'elle tenait de son aimable mère,
Elle joignit de son illustre père
L'agréable et noble fierté ;
L'amas de ce qui plaît dans chaque caractère
Fit une parfaite beauté.
Partout comme un astre elle brille ;
Et par hasard un seigneur de la cour,
Jeune, bien fait et plus beau que le jour,
L'ayant vue paraître à la grille,
Conçut pour elle un violent amour.
Par l'instinct qu'au beau sexe a donné la nature
Et que toutes les beautés ont
De voir l'invisible blessure
Que font leurs yeux, au moment qu'ils la font,
La princesse fut informée
Qu'elle était tendrement aimée.
Après avoir quelque temps résisté
Comme on le doit avant que de se rendre,
D'un amour également tendre
Elle l'aima de son côté.
Dans cet amant, rien n'était à reprendre,
Il était beau, vaillant, né d'illustres aïeux
Et dès longtemps pour en faire son gendre
Sur lui le prince avait jeté les yeux.

Ainsi donc avec joie il apprit la nouvelle
De l'ardeur tendre et mutuelle
Dont brûlaient ces jeunes amants ;
Mais il lui prit une bizarre envie
De leur faire acheter par de cruels tourments
Le plus grand bonheur de leur vie.
« Je me plairai, dit-il, à les rendre contents ;
Mais il faut que l'inquiétude,
Par tout ce qu'elle a de plus rude,
Rende encor leurs feux plus constants ;
De mon épouse en même temps
J'exercerai la patience,
Non point, comme jusqu'à ce jour,
Pour assurer ma folle défiance,
Je ne dois plus douter de son amour ;
Mais pour faire éclater aux yeux de tout le monde
Sa bonté, sa douceur, sa sagesse profonde,
Afin que de ces dons si grands, si précieux,
La terre se voyant parée,
En soit de respect pénétrée,
Et par reconnaissance en rende grâce aux cieux. »
Il déclare en public que manquant de lignée,
En qui l'État un jour retrouve son seigneur,
Que la fille qu'il eut de son fol hyménée
Étant morte aussitôt que née,
Il doit ailleurs chercher plus de bonheur ;
Que l'épouse qu'il prend est d'illustre naissance,
Qu'en un couvent on l'a jusqu'à ce jour
Fait élever dans l'innocence,
Et qu'il va par l'hymen couronner son amour.
On peut juger à quel point fut cruelle
Aux deux jeunes amants cette affreuse nouvelle ;
Ensuite, sans marquer ni chagrin, ni douleur,
Il avertit son épouse fidèle
Qu'il faut qu'il se sépare d'elle
Pour éviter un extrême malheur ;
Que le peuple indigné de sa basse naissance
Le force à prendre ailleurs une digne alliance.
« Il faut, dit-il, vous retirer
Sous votre toit de chaume et de fougère
Après avoir repris vos habits de bergère
Que je vous ai fait préparer. »
Avec une tranquille et muette constance,

La princesse entendit prononcer sa sentence ;
Sous les dehors d'un visage serein
Elle dévorait son chagrin,
Et sans que la douleur diminuât ses charmes,
De ses beaux yeux tombaient de grosses larmes,
Ainsi que quelquefois au retour du printemps,
Il fait soleil et pleut en même temps.
« Vous êtes mon époux, mon seigneur, et mon maître,
(Dit-elle en soupirant, prête à s'évanouir),
Et quelque affreux que soit ce que je viens d'ouïr,
Je saurai vous faire connaître
Que rien ne m'est si cher que de vous obéir. »
Dans sa chambre aussitôt seule elle se retire,
Et là se dépouillant de ses riches habits,
Elle reprend paisible et sans rien dire,
Pendant que son cœur en soupire,
Ceux qu'elle avait en gardant ses brebis.
En cet humble et simple équipage,
Elle aborde le prince et lui tient ce langage :
« Je ne puis m'éloigner de vous
Sans le pardon d'avoir su vous déplaire ;
Je puis souffrir le poids de ma misère,
Mais je ne puis, Seigneur, souffrir votre courroux ;
Accordez cette grâce à mon regret sincère,
Et je vivrai contente en mon triste séjour,
Sans que jamais le temps altère
Ni mon humble respect, ni mon fidèle amour. »
Tant de soumission et tant de grandeur d'âme
Sous un si vil habillement,
Qui dans le cœur du prince en ce même moment
Réveilla tous les traits de sa première flamme,
Allaient casser l'arrêt de son bannissement.
Ému par de si puissants charmes,
Et prêt à répandre des larmes,
Il commençait à s'avancer
Pour l'embrasser,
Quand tout à coup l'impérieuse gloire
D'être ferme en son sentiment
Sur son amour remporta la victoire,
Et le fit en ces mots répondre durement :
« De tout le temps passé j'ai perdu la mémoire,
Je suis content de votre repentir,
Allez, il est temps de partir. »

Elle part aussitôt, et regardant son père
Qu'on avait revêtu de son rustique habit,
Et qui, le cœur percé d'une douleur amère,
Pleurait un changement si prompt et si subit :
« Retournons, lui dit-elle, en nos sombres bocages,
Retournons habiter nos demeures sauvages,
Et quittons sans regret la pompe des palais ;
Nos cabanes n'ont pas tant de magnificence,
Mais on y trouve avec plus d'innocence,
Un plus ferme repos, une plus douce paix. »
Dans son désert à grand peine arrivée,
Elle reprend et quenouille et fuseaux,
Et va filer au bord des mêmes eaux
Où le prince l'avait trouvée.
Là son cœur tranquille et sans fiel
Cent fois le jour demande au Ciel
Qu'il comble son époux de gloire, de richesses,
Et qu'à tous ses désirs il ne refuse rien ;
Un amour nourri de caresses
N'est pas plus ardent que le sien.
Ce cher époux qu'elle regrette
Voulant encore l'éprouver,
Lui fait dire dans sa retraite
Qu'elle ait à le venir trouver.
« Griselidis, dit-il, dès qu'elle se présente,
Il faut que la princesse à qui je dois demain
Dans le temple donner la main,
De vous et de moi soit contente.
Je vous demande ici tous vos soins, et je veux
Que vous m'aidiez à plaire à l'objet de mes vœux ;
Vous savez de quel air il faut que l'on me serve,
Point d'épargne, point de réserve ;
Que tout sente le prince, et le prince amoureux.
Employez toute votre adresse
À parer son appartement,
Que l'abondance, la richesse,
La propreté, la politesse
S'y fassent voir également ;
Enfin songez incessamment
Que c'est une jeune princesse
Que j'aime tendrement.
Pour vous faire entrer davantage
Dans les soins de votre devoir,
Je veux ici vous faire voir

Celle qu'à bien servir mon ordre vous engage. »
Telle qu'aux portes du Levant
Se montre la naissante aurore,
Telle parut en arrivant
La princesse plus belle encore.
Griselidis à son abord
Dans le fond de son cœur sentit un doux transport
De la tendresse maternelle ;
Du temps passé, de ses jours bienheureux,
Le souvenir en son cœur se rappelle :
« Hélas ! ma fille, en soi-même dit-elle,
Si le Ciel favorable eût écouté mes vœux,
Serait presque aussi grande, et peut-être aussi belle. »
Pour la jeune princesse en ce même moment
Elle prit un amour si vif, si véhément,
Qu'aussitôt qu'elle fut absente,
En cette sorte au prince elle parla,
Suivant, sans le savoir, l'instinct qui s'en mêla :
« Souffrez, Seigneur, que je vous représente
Que cette princesse charmante,
Dont vous allez être l'époux,
Dans l'aise, dans l'éclat, dans la pourpre nourrie,
Ne pourra supporter, sans en perdre la vie,
Les mêmes traitements que j'ai reçus de vous.
Le besoin, ma naissance obscure,
M'avaient endurcie aux travaux.
Et je pouvais souffrir toutes sortes de maux
Sans peine et même sans murmure ;
Mais elle qui jamais n'a connu la douleur,
Elle mourra dès la moindre rigueur,
Dès la moindre parole un peu sèche, un peu dure.
Hélas ! Seigneur, je vous conjure
De la traiter avec douceur.
— Songez, lui dit le prince avec un ton sévère,
À me servir selon votre pouvoir,
Il ne faut pas qu'une simple bergère
Fasse des leçons, et s'ingère
De m'avertir de mon devoir. »
Griselidis, à ces mots, sans rien dire,
Baisse les yeux et se retire.
Cependant pour l'hymen les seigneurs invités,
Arrivèrent de tous côtés ;
Dans une magnifique salle

Où le prince les assembla
Avant que d'allumer la torche nuptiale,
En cette sorte il leur parla :
« Rien au monde, après l'espérance,
N'est plus trompeur que l'apparence ;
Ici l'on en peut voir un exemple éclatant.
Qui ne croirait que ma jeune maîtresse,
Que l'hymen va rendre princesse,
Ne soit heureuse et n'ait le cœur content ?
Il n'en est rien pourtant.
Qui pourrait s'empêcher de croire
Que ce jeune guerrier amoureux de la gloire
N'aime à voir cet hymen, lui qui dans les tournois
Va sur tous ses rivaux remporter la victoire ?
Cela n'est pas vrai toutefois.
Qui ne croirait encor qu'en sa juste colère,
Griselidis ne pleure et ne se désespère ?
Elle ne se plaint point, elle consent à tout,

Et rien n'a pu pousser sa patience à bout.
Qui ne croirait enfin que de ma destinée,
Rien ne peut égaler la course fortunée,
En voyant les appas de l'objet de mes vœux ?
Cependant si l'hymen me liait de ses nœuds,
J'en concevrais une douleur profonde,
Et de tous les princes du monde
Je serais le plus malheureux.
L'énigme vous paraît difficile à comprendre ;
Deux mots vont vous la faire entendre,
Et ces deux mots feront évanouir
Tous les malheurs que vous venez d'ouïr.
Sachez, poursuivit-il, que l'aimable personne
Que vous croyez m'avoir blessé le cœur,
Est ma fille, et que je la donne
Pour femme à ce jeune seigneur
Qui l'aime d'un amour extrême,
Et dont il est aimé de même.
Sachez encor, que touché vivement
De la patience et du zèle
De l'épouse sage et fidèle
Que j'ai chassée indignement,
Je la reprends, afin que je répare,
Par tout ce que l'amour peut avoir de plus doux,
Le traitement dur et barbare
Qu'elle a reçu de mon esprit jaloux.
Plus grande sera mon étude
À prévenir tous ses désirs,
Qu'elle ne fut dans mon inquiétude
À l'accabler de déplaisirs ;
Et si dans tous les temps doit vivre la mémoire
Des ennuis dont son cœur ne fut point abattu,
Je veux que plus encore on parle de la gloire
Dont j'aurai couronné sa suprême vertu. »
Comme quand un épais nuage
A le jour obscurci,
Et que le ciel de toutes parts noirci,
Menace d'un affreux orage ;
Si de ce voile obscur par les vents écarté
Un brillant rayon de clarté
Se répand sur le paysage,
Tout rit et reprend sa beauté ;
Telle, dans tous les yeux où régnait la tristesse,

Éclate tout à coup une vive allégresse.
Par ce prompt éclaircissement,
La jeune princesse ravie
D'apprendre que du prince elle a reçu la vie
Se jette à ses genoux qu'elle embrasse ardemment.
Son père qu'attendrit une fille si chère,
La relève, la baise, et la mène à sa mère,
À qui trop de plaisir en un même moment
Ôtait presque tout sentiment
Son cœur, qui tant de fois en proie
Aux plus cuisants traits du malheur,
Supporta si bien la douleur,
Succombe au doux poids de la joie ;
À peine de ses bras pouvait-elle serrer
L'aimable enfant que le Ciel lui renvoie,
Elle ne pouvait que pleurer.
« Assez dans d'autres temps vous pourrez satisfaire,
Lui dit le prince, aux tendresses du sang ;
Reprenez les habits qu'exige votre rang,
Nous avons des noces à faire. »
Au temple on conduisit les deux jeunes amants,
Où la mutuelle promesse
De se chérir avec tendresse
Affermit pour jamais leurs doux engagements.
Ce ne sont que plaisirs, que tournois magnifiques,
Que jeux, que danses, que musiques,
Et que festins délicieux,
Où sur Griselidis se tournent tous les yeux,
Où sa patience éprouvée
Jusques au ciel est élevée
Par mille éloges glorieux :
Des peuples réjouis la complaisance est telle
Pour leur prince capricieux,
Qu'ils vont jusqu'à louer son épreuve cruelle,
À qui d'une vertu si belle,
Si séante au beau sexe, et si rare en tous lieux,
On doit un si parfait modèle.

Le Miroir

Le Miroir que nous avons aujourd'hui parmi nous, fut autrefois un homme fort galant, fort propre, et fort poli, qui se nommait Orante, et qui se rendit considérable dans le monde par le talent extraordinaire qu'il avait de faire des descriptions naïves, et agréables de toutes choses. Les louanges qu'il en reçut, firent qu'il s'occupa avec plaisir à faire le portrait de beaucoup de personnes qui ne pouvaient assez admirer comment il pouvait composer des ouvrages si beaux et si finis en si peu de temps : car bien loin d'y employer des mois entiers, comme la plupart de ceux qui s'en mêlent, il les composait tous sur-le-champ et sans aucune préméditation, tellement que ceux qui voulaient avoir leur portrait, n'avaient qu'à se montrer à lui, et c'était fait en un moment. Il avait encore une adresse admirable, et toute singulière ; c'est qu'il faisait le portrait du corps et de l'esprit tout ensemble : je veux dire qu'en dépeignant le corps il en exprimait si bien tous les mouvements et toutes les actions, qu'il donnait à connaître parfaitement l'esprit qui l'animait. En représentant les yeux d'une femme, il en remarquait si exactement la manière de se mouvoir et de regarder, qu'on jugeait sans peine si elle était prude, ou coquette ; stupide, ou spirituelle ; mélancolique, ou enjouée, et enfin quel était le véritable caractère de son esprit.

Cette perfection qu'avait Orante de bien représenter, était assurément inconcevable. Mais certes l'on pouvait dire que hors ce talent particulier, il n'était bon à rien. Ceux qui l'examinèrent soigneusement trouvèrent que cette étrange inégalité venait de ce qu'ayant l'imagination excellente, il n'avait ni mémoire, ni jugement ; et en effet il ne se souvenait jamais de rien, et sitôt que les choses étaient hors de devant lui, elles s'effaçaient entièrement de sa mémoire. Pour le jugement c'était encore pis ; il ne pouvait rien celer de ce qu'il

savait : quelque personne qui se présentât devant lui, il lui rompait en visière[1], il lui disait à son nez toutes ses vérités ; et sans faire aucune distinction de celles qui sont bonnes à dire, d'avec celles qu'il faut taire, il appuyait aussi fortement sur les choses du monde les plus outrageantes que sur celles qui pouvaient le plus obliger.

Orante avait trois frères, qui se mêlaient comme lui de faire des portraits et des descriptions de toutes choses, mais il s'en fallait beaucoup qu'ils fussent si bien faits, ni si habiles que leur aîné. Deux de ces frères étaient tout ronds et fort bossus, l'un par-devant, et l'autre par-derrière ; et le troisième était tellement contraint dans sa taille, qu'il semblait avoir un bâton fiché dans le corps. Celui qui était bossu par-derrière faisait toujours les choses plus grandes qu'elles n'étaient, et comme il était d'un naturel fort ardent, il prenait feu tout à l'heure, et s'emportait étrangement dans l'hyperbole[2] ; si bien qu'on pouvait dire de lui avec justice, qu'il faisait un géant d'un pygmée, et d'une mouche un éléphant. Le bossu par-devant était d'une humeur toute contraire, et n'avait point de plus grand plaisir que d'apetisser et amoindrir tout ce qu'il dépeignait. Il y avait encore cette différence en leurs manières, que le premier était un peu confus et tombait souvent dans le galimatias pour vouloir trop exagérer, et que le second était fort exact, et représentait tout avec une netteté admirable. Pour le troisième, il était encore plus bizarre que ces deux-ci : quand on lui donnait à tirer le portrait de quelque chose de fort régulier, il en faisait un monstre, où l'on ne connaissait rien ; et quand on lui présentait quelque chose de bien difforme, il se mettait souvent en humeur de l'embellir, et s'y mettait quelquefois à tel point, qu'il en faisait un portrait tout à fait agréable. Ces trois frères quoique fort adroits et fort singuliers en leurs ouvrages, n'étaient néanmoins bons à voir qu'une fois, ou deux, par curiosité, et leur entretien devenait ennuyeux quand on demeurait longtemps en leur compagnie. Comme ils étaient assez éclairés tous trois, ils s'aperçurent aisément qu'ils n'étaient pas bien venus dans le beau monde, tellement qu'ils se retirèrent chez les curieux, qui les avaient en grande estime, et qui les reçurent dans leurs cabinets avec bien de la joie. Là ils s'appliquèrent entièrement aux mathématiques, où en peu de temps ils firent des merveilles, et apprirent même aux plus savants mille secrets admirables.

Pendant que ces trois frères devenus mathématiciens fréquentaient les cabinets des curieux, où ils demeuraient nuit et jour attachés, leur aîné ne bougeait des cabinets des dames, de leurs alcôves, et de leurs ruelles, où il occupait toujours la plus belle et la meilleure place.

[1] rompre en visière : contredire frontalement. - [2] hyperbole : exagération.

On s'étonnait assez de le voir si bien venu chez elles, vu l'étrange liberté qu'il se donnait de leur dire toutes choses ; mais il était en possession d'en user de la sorte, et elles souffraient de lui ce qu'elles auraient trouvé mauvais de tout autre. Elles eussent véritablement bien souhaité qu'il se fût corrigé de cette naïveté trop grande avec laquelle il leur reprochait leurs défauts ; mais il n'était pas en son pouvoir de rien dissimuler, ou du moins c'était une faveur qu'on obtenait si rarement de lui, qu'une femme s'estimait tout à fait heureuse quand elle pouvait le rencontrer en humeur de la flatter un peu. Ce qui était assez surprenant, c'est que ces mêmes femmes qui le connaissaient pour avoir peu de jugement, le consultaient néanmoins sur mille choses, dont elles auraient été bien fâchées de rien résoudre sans son avis. Elles se remettaient entièrement à lui de leur contenance et de leur geste, du choix de leurs habits, et de leurs coiffures, dont il ordonnait souverainement ; de sorte qu'elles n'auraient pas attaché un ruban, ni mis une mouche qu'il ne l'eût approuvé : et sans mentir il décidait si pertinemment de la bonne grâce, et des ajustements, qu'on remarquait une notable différence entre les personnes qui s'étaient servies de ses conseils, et celles qui les avaient négligés. Malgré son peu de jugement, il était encore fort raisonnable en une chose où les plus sages manquent souvent : c'est que lorsqu'il entretenait une dame, il la cajolait selon sa beauté : il ne s'emportait point dans la dernière flatterie, et jamais il ne s'avisait de persuader à une personne médiocrement belle, qu'elle l'était infiniment. Cette manière de s'exprimer, simple et naïve, lui réussissait si bien qu'on demeurait d'accord de tout ce qu'il disait ; et comme il n'avançait rien que de vraisemblable, il n'avait point le déplaisir d'entendre une femme lui reprocher qu'il la prenait pour une autre ou qu'il se moquait d'elle. Il avait avec cela une excellente qualité pour plaire à celles qui le voyaient ; c'est qu'il les entretenait toujours d'elles-mêmes, et jamais de la beauté des autres ; mais rien n'était plus agréable que lui, lorsqu'il se trouvait auprès d'une personne parfaitement belle. Il la représentait si bien avec tous ses attraits et tous ses charmes, que l'on croyait la voir ; et certes de la sorte qu'il avait soin d'en remarquer les moindres traits, et les plus petites actions, on eût dit qu'il en était passionnément amoureux, et que l'image de cette aimable personne était profondément gravée dans son cœur. Cependant elle n'était pas plus tôt hors de devant lui, qu'il ne s'en souvenait plus, et si une autre femme également belle se présentait un moment après, il lui disait les mêmes choses, et n'en paraissait pas moins passionné, quoique peut-être il ne l'eût jamais vue que cette fois-là.

La vérité est qu'il était fort inconstant, et que personne n'a jamais été si susceptible que lui de différentes et nouvelles impressions. Cette mauvaise qualité n'empêcha pas néanmoins qu'il ne fût fort considéré de beaucoup de dames qui se souciaient peu de ce qu'il disait aux autres, pourvu qu'il ne leur dît rien que d'obligeant.

Surtout il fut aimé tendrement d'une jeune personne fort galante, et qui était sans doute une des plus belles de son siècle. On tient que les personnes qui s'aiment beaucoup elles-mêmes, n'ont jamais de fortes passions pour les autres : parce que le cœur n'ayant qu'un certain fonds d'amour précis et limité, il ne peut pas fournir à la poursuite de deux différents objets en même temps. Cette maxime qui se trouve si véritable en mille rencontres, ne le fut point en celle-ci ; et la belle Caliste, qui est celle dont nous parlons, quoiqu'elle eût pour elle-même tout l'amour et toute la complaisance imaginable, ne fut pas exempte néanmoins d'une autre affection très violente : au contraire cette complaisance qu'elle eut pour sa personne, augmenta celle qu'elle eut pour son amant ; et l'on peut dire que l'amour-propre qui détruit ordinairement toutes les autres amours, fit naître dans son cœur celle qu'elle eut pour Orante.

Il serait malaisé de remarquer précisément la naissance de cette affection : tout ce qu'on en peut assurer, c'est qu'elle commença dès son enfance, et qu'elle s'accrut avec l'âge, et à mesure que sa beauté s'augmentait. Ce qui la disposa davantage à l'aimer, c'est qu'il fut un des premiers qui la cajola, et qui dans un temps où peu de gens la regardaient encore, lui assura qu'elle était aimable, et qu'on avait tort de ne lui en rien dire : mais ce qui acheva de la gagner entièrement, ce fut un portrait admirable qu'il fit de sa jeune maîtresse, un jour qu'elle se trouva beaucoup plus belle qu'elle ne l'avait encore été.

Depuis ce temps-là elle rechercha tellement toutes les occasions de le revoir, que chacun s'aperçut de l'empressement qu'elle avait pour s'entretenir avec lui. Ce qui confirma davantage l'opinion qu'on avait conçue de cette amitié naissante, fut qu'un jour Caliste étant entrée dans une chambre où était Orante, et où il avait pris sa place entre deux fenêtres, qui était une place qu'il affectait fort, soit que la lumière lui fît mal, soit qu'il fût assez coquet pour chercher l'ombre, elle s'alla mettre vis-à-vis de lui, sans songer qu'elle s'exposait elle-même au grand jour qu'elle avait évité jusqu'alors, avec un soin qui n'est pas concevable ; mais elle ne pensait qu'à se placer en un lieu d'où elle pût bien voir son cher Orante, et le contempler à son aise. Depuis qu'elle fut entrée jusques à ce qu'elle sortit, elle ne leva pas les yeux de dessus lui, et bien que quelques personnes lui en fissent la guerre, elle ne put s'en empêcher : il lui arriva même bien des fois de répondre hors de propos à ce qu'on lui demandait, parce qu'elle était trop attentive à lui parler des yeux, et à écouter en même temps ce qu'il lui disait. Cependant leur entretien était pour lors assez commun, et à dire le vrai :

Ce n'était qu'une bagatelle
Qu'il répéta plus de cent fois,
Mais, qui la charmait toutefois,
Et lui semblait toujours nouvelle ;
Il lui disait qu'elle était belle.

La passion de l'aimable Caliste s'accrut si fort avec le temps, qu'elle ne pouvait plus abandonner son cher Orante ; elle voulut qu'il s'attachât à elle absolument, et qu'il la suivît partout où elle irait, de sorte que bien des gens disaient assez plaisamment qu'elle l'avait toujours pendu à sa ceinture. Quoi qu'il en soit, il est constant qu'on les a trouvés cent fois seuls, en tête à tête dans une chambre, où ils passaient des jours presque entiers à s'entretenir, sans qu'il parût que la dame se fût ennuyée. Un de ses amants fort jaloux, et fort emporté de son naturel, en pensa mourir de dépit, un jour qu'il les surprit ensemble. La porte de la chambre était entrouverte, et ils étaient placés de telle manière, qu'il voyait sa maîtresse sans qu'il pût voir celui qui était avec elle ; il jugea seulement qu'elle était en conversation galante avec quelqu'un, et quoiqu'il n'ouït pas ce qu'elle disait, parce qu'il était trop éloigné, il le conjectura ainsi par les différents mouvements de son visage, de ses mains, de ses bras, et de toute sa personne.

Quelquefois paisible et tranquille
Elle se tenait immobile,
Et semblait écouter avec attachement;
D'autres fois on eût dit, en la voyant
[sourire,
Qu'elle approuvait obligeamment
Les galantes douceurs qu'on venait de
[lui dire.
Tantôt ses beaux yeux adorables
À tous les cœurs si redoutables,
D'un noble et digne orgueil parais-
saient animés :
Tantôt ces mêmes yeux quittant leur
[humeur fière,
Languissants et demi fermés,
Jetaient négligemment de longs traits
[de lumière.
Quelquefois sa bouche incarnate,
D'une manière délicate,
Exprimait de son cœur les tendres
[mouvements,
Et tâchait de se rendre encore plus
[aimable
Par mille petits agréments
Que formait tout autour un souris
[agréable.
Tantôt son front chaste et sévère
Se montrait ému de colère,
Comme si son amant en eût un peu
[trop dit,
Tantôt s'adoucissant elle semblait se
[rendre,

Et d'un air assez interdit :
Commander qu'il se tût, et souhaiter
[l'entendre.
D'une honte discrète, et sage
Le feu lui montait au visage,
Qu'elle voulait cacher en y portant la
[main ;
Mais un petit soupir vrai témoin de
[sa flamme,
S'étant échappé de son sein,
Découvrait en passant le secret de son
[âme.

Quoique toutes ces actions tendres et passionnées ne voulussent rien dire, et que l'aimable Caliste n'entretînt de la sorte Orante, que par pur divertissement, et seulement pour savoir de lui si elle s'y prenait de.bonne grâce. Le jaloux néanmoins qui crut que c'était tout de bon, ne peut se tenir d'éclater, et tout impatient de voir ce fortuné rival qu'il haïssait déjà sans le connaître, entre brusquement dans la chambre, le visage en feu, les yeux égarés, et avec la démarche d'un homme furieux et tout hors de soi ; mais il fut bien surpris lorsqu'il vit qu'Orante était le galant avec qui sa maîtresse s'entretenait ainsi. Il n'en fut pas fâché, à dire le vrai : car bien qu'Orante fût très aimable, et de très bonne mine, on ne s'alarmait pas de le voir seul avec une dame : il avait assez d'entretien, mais c'était tout, et dans l'obscurité même où les amants sont le plus dangereux et le plus entreprenants, on savait qu'il n'était pas capable de rien oser ; de sorte qu'il passait bien souvent les nuits dans la chambre des dames, sans que néanmoins on en soupçonnât rien à leur désavantage. Orante sans s'étonner le moins du monde se moqua plaisamment de l'incartade du jaloux : il en fit une description naïve et ridicule, et lui fit voir en même temps que cela était de fort mauvaise grâce, d'entrer ainsi tout effaré dans la chambre d'une dame qu'il faisait profession d'aimer, et à qui d'ailleurs il ne pouvait rendre trop de respect. Le jaloux en demeura honteux, et Caliste de son côté parut fort interdite. Elle quitta donc la conversation qu'elle avait avec Orante, pour en commencer une autre avec le nouveau venu, qui tout galant et tout spirituel qu'il était, n'eut garde de la cajoler si agréablement que lui.

Aussi quittait-elle volontiers toute autre compagnie pour celle d'Orante, qui assurément ne l'entretenait jamais que de choses agréables, si ce n'était aux jours qu'elle était moins belle qu'à son ordinaire : car alors, il ne pouvait s'empêcher de le lui dire, ou qu'elle était pâle, ou qu'elle avait les yeux battus, ou du moins qu'elle n'avait pas bon visage. Cette façon d'agir n'était pas à la vérité fort galante, aussi en fut-il puni, et très sévèrement, puisque enfin, il lui en coûta la vie, qui lui fut ôtée par cette même personne dont il était aimé. Dans le temps que Caliste avait le plus de passion pour Orante, et qu'elle lui en donnait mille preuves obligeantes par les assiduités qu'elle avait pour lui, elle tomba malade d'une grosse fièvre qui l'obligea de se mettre au lit. Les médecins ayant reconnu sa maladie qui était quelque chose de plus qu'une fièvre, et qui était sans doute la maladie la plus fâcheuse que puisse avoir une belle personne, non seulement pour le péril qu'il y a de la vie ; mais aussi pour les atteintes cruelles et funestes qu'en reçoit la beauté, firent retirer d'auprès d'elle tout ce qui pouvait l'incommoder, et commencèrent par Orante, avec défenses expresses de le laisser entrer, quelque prière qu'en fît la malade. Cet ordre ne fut pas difficile à observer dans le commencement, et dans le fort du mal qui ne lui permettait pas de songer à autre chose qu'à elle-même ; mais lorsqu'elle se vit hors de danger, on eut bien de la peine à résister à l'empressement qu'elle eut de voir son cher Orante. Elle le demanda cent fois à ses femmes. Elle les pressa, et par prières et par menaces de le faire venir, mais inutilement : on voyait trop le péril qu'il y avait de lui donner cette satisfaction ; elle était tellement changée qu'elle n'était pas reconnais-

sable, et ceux qui l'abordaient ne pouvaient presque s'empêcher de témoigner leur étonnement et l'horreur qu'elle leur faisait. On se gardait bien néanmoins de lui rien dire qui la pût fâcher, et l'on tâchait de lui persuader que hors qu'elle était un peu bouffie, et un peu rouge, elle était aussi belle que jamais. Cependant elle jugeait bien qu'on la flattait, et qu'on craignait de l'affliger, et enfin qu'il n'y avait au monde que son fidèle Orante qui fût assez sincère pour lui dire franchement la vérité.

Un jour qu'elle se trouva seule, et que malheureusement aucune de ses femmes n'était demeurée auprès d'elle, pressée d'impatience, elle se lève, et n'ayant mis sur elle qu'une jupe, elle passe dans son antichambre, où elle croyait trouver Orante, et où en effet elle le rencontra appuyé sur la table, où il attendait toujours qu'on le fît entrer. Transportée d'une extrême joie de le voir, et en même temps saisie d'une horrible crainte qu'il ne lui apprît de mauvaises nouvelles, elle s'approche. Mais hélas, quelle entrevue ! et qu'elle fut cruelle à tous les deux. Elle ne fut pas plus tôt devant lui, que par une indiscrétion étrange, il lui dit qu'elle faisait peur. On ne peut pas exprimer le dépit ni la douleur qu'elle en ressentit, ni la précipitation avec laquelle elle se retira. Néanmoins comme elle ne pouvait croire une chose si étrange et si surprenante, et que d'ailleurs elle voulait voir si son insolence irait jusqu'à redoubler, elle s'avance toute tremblante et tout enflammée de colère : lui sans s'émouvoir répète distinctement ce qu'il venait de dire, et ajoute seulement qu'elle avait tort de s'émouvoir ainsi, et que cette grande altération qui paraissait sur son visage, ne servait qu'à la rendre encore plus laide et plus épouvantable.

« Ah ! C'en est trop, s'écria l'infortunée Caliste, tu t'en repentiras, et voici la dernière fois qu'il t'arrivera d'en user ainsi. »

En prononçant ces mots, elle prit un poinçon qui était sur la table, et en frappa de toute sa force le malheureux Orante. Quoique l'arme dont elle se servit ne soit pas de soi fort dangereuse, et qu'elle fût conduite par la main d'une femme, elle fit néanmoins une telle blessure que le coup se trouva mortel. Le pauvre Orante ne cessa pas néanmoins de lui dire ses vérités tant qu'elle fut devant lui. Il est vrai qu'il ne s'expliquait pas si nettement qu'à l'ordinaire, et qu'il était un peu confus pour vouloir s'exprimer en trop de manières ; mais il ne se rendit point tant qu'il put se faire entendre.

L'Amour qui suit partout la Beauté, et qui ne peut vivre un moment sans elle, avait quitté Caliste depuis quelques jours. Mais parce qu'il ne pouvait pas oublier entièrement une personne, dont il avait tiré de si grands avantages, et qui l'avait rendu maître de tant de cœurs, il venait la voir de temps en temps pour apprendre de ses nouvelles. Ce petit dieu qui aimait Orante, et qui sans doute lui eût sauvé la vie s'il eût été présent à cette aventure, n'arriva malheureusement qu'après que le coup fut donné, et lorsqu'il n'était plus temps de le secourir. Déjà sa belle âme s'était envolée, et lorsqu'il approcha de lui, il ne trouva plus que son corps, sans couleur, sans mouvement, et froid comme glace.

À la vue d'un si triste spectacle, l'Amour fut touché de douleur, et soupira de la perte qu'il venait de faire. Il se souvenait que c'était de lui que mille personnes avaient appris l'art de se faire aimer. Que souvent une femme médiocrement belle qu'il avait aidée à s'ajuster, avait blessé des cœurs que sans son secours, elle n'aurait pas seulement touchés ; et enfin qu'il perdait en lui un de ses plus importants ministres, qui avait travaillé le plus utilement pour la gloire et pour l'agrandissement de son empire, et qui sans doute s'entendait le mieux à bien ranger des attraits, et à mettre des charmes et des appas en état de vaincre, et de conquérir. Il eut à la vérité quelque joie de la juste punition d'Orante qui avait outragé si cruellement une femme dont il était aimé, et qui avait contrevenu avec tant d'insolence à la première et la plus inviolable de toutes ses lois, qui est de ne jamais parler mal des femmes, et surtout en leur présence.

Néanmoins il eût bien souhaité pouvoir lui redonner la vie ; mais on ne sait que trop que c'est une chose au-delà de ses forces. Tout ce qu'il put obtenir des destinées, fut que

le corps d'Orante serait incorruptible, et qu'il aurait les mêmes qualités que son âme avait possédées. À peine l'Amour l'eut-il ainsi ordonné, que le corps d'Orante perdant insensiblement la figure d'homme, devint poli, clair et brillant, capable de recevoir toutes sortes d'images, et de les exprimer naïvement, si bien que dans le même temps on lui vit représenter tous les objets qui se trouvèrent devant lui. L'Amour qu'il dépeignit avec son arc et son carquois, et tel qu'il était alors, en parut tout surpris. Il s'approche avec admiration, il se regarde de tous côtés, et remarque avec bien de la joie que depuis qu'il est au monde, il n'a rien vu de si beau ni de si charmant que lui.

Comblé de plaisir et de gloire,
Il contemple son front d'ivoire,
Ses yeux étincelants et doux,
Ses yeux qui font trembler le plus
[ferme courage,
Et de qui le muet langage
Est le plus éloquent de tous.
Il voit de sa bouche divine,
Le ris et la grâce enfantine,
Dont lui-même il se trouve épris.
Il voit de ses cheveux les tresses
[vagabondes,
Qui mollement tombent par ondes,
Sur son teint de rose et de lys.
Il voit de ses plumes changeantes
Les couleurs vives et brillantes ;
Il en admire les appas ;
Et semble s'étonner en les voyant si
[belles,
Pourquoi l'on se plaint de ses ailes,
Jusqu'à vouloir qu'il n'en eût pas.
Il voit sa trousse où sont serrées
Ces petites flèches dorées
Qui partout le rendent vainqueur ;
Dont les coups font languir d'un
[aimable martyre,
Et dont quelque part qu'il les tire,
Il sait toujours frapper au cœur.
Le dieu volage de Cythère,
Qui se mire et se considère,
Est amoureux de son tableau ;
Et son cœur enflammé sent un
[plaisir extrême,
Qui le rend la moitié plus beau
En voyant un autre lui-même.
Ainsi lorsque deux belles âmes
Brûlent de mutuelles flammes,
L'amour en a plus d'agrément.
Il répand dans les cœurs une joie
[incroyable,
Et jamais il n'est plus charmant
Que quand il trouve son semblable.

La satisfaction que reçut l'Amour en se mirant fut si grande qu'elle dissipa entièrement le chagrin que lui avait donné la mort d'Orante, surtout quand il le vit métamorphosé de la sorte : parce qu'il jugea bien qu'il pourrait à l'avenir lui être aussi utile que jamais, et lui rendre en cet état les mêmes services qu'il en avait reçus durant sa vie.

Table des matières